www.tredition.de

AF203820

Julie Durin

Endlich Seniorin

Eine erotische Reise im Wohnmobil

www.tredition.de

Verlag: tredition GmbH, Hamburg

ISBN
Paperback: 978-3-7323-6575-3
Hardcover: 978-3-7323-6576-0
e-Book: 978-3-7323-6577-7

Printed in Germany

Vorbereitung

Waltrauds Arbeitsleben liegt nun bereits ein paar Jahre hinter ihr. Sie gestaltet und entwickelt ihre 3. Lebensphase. Rückblickend ist sie trotz mancherlei Auf und Ab in ihrem Leben nicht gerade unzufrieden. Engagiert und voller Freude hat sie die Heranwachsenden in der DDR an der Hilfsschule und nach dem gesellschaftlichen Umbruch an der Förderschule erfolgreich unterrichtet. Über viele Jahre fand sie Anerkennung und Achtung im Beruf. Die in der DDR politisch weniger bedeutsame Tätigkeit in dem gesonderten Schulbereich ermöglichte es ihr, sich voll ihrem Familienleben und ihrer pädagogischen Arbeit zu widmen. Mit dem Systemwechsel in dem Land veränderten sich in diesem Bildungszweig die Schüler-, Eltern- und Lehrerschaft gravierend. Die Importbeamten von jenseits der Elbe, davon nicht wenige aus den Reihen der 68er Revoluzzer-Garde, vernichteten das hiesige Bildungsgefüge und schafften es im Verbund mit unfähigen Bildungspolitikern nicht, neue effektive und funktionierende Strukturen zu schaffen, in denen eine Entwicklung der lernbeeinträchtigten Kinder zu einem selbst organisierbaren Leben und nicht eine finanzielle Mangelverwaltung im Vordergrund steht. So fiel es Waltraud in den letzten Jahren immer schwerer, mit dem richtigen Schwung diese Heranwachsenden zum Lernen zu bewegen. Mit Planungs- und Berichtsaufgaben überfrachtet, wurde das eigentliche pädagogische Wirken zunehmend schwerer.

Lustlose Schüler, rechthaberische Eltern sowie Konkurrenzdenken der pädagogischen Mitstreiter ließen sie den Übergang in das Rentnerinnendasein immer intensiver herbeisehnen. Der verordneten längeren Lebensarbeitszeit begegnete sie mit Block-Altersteilzeit und vorzeitigem Renteneintritt. Die zwar deutlichen finanziellen Einbußen zwingen sie dennoch nicht, am Hungertuch nagen zu müssen.

Mit dem Alleinsein nach fast vierzig Jahren Ehe kommt Waltraud inzwischen zurecht. DDR-typisch jung und schwanger geheiratet und das einzige Kind, einen Sohn, erfolgreich groß gezogen, hielt ihre Ehe mit Höhen und Tiefen doch recht lange. Mit den gewandelten gesellschaftlichen Verhältnissen verlor die Beziehung an Halt. Sich anfänglich gegenseitig noch vielseitig unterstützend, nahm der Stress in ihren Vollzeitjobs immer stärker zu und nicht mehr alle Aufgaben waren im Rahmen der geregelten Arbeitszeit zu erledigen. Die beiderseitigen Interessen mussten zu oft dem Job des anderen untergeordnet werden; sie drifteten auseinander. Aus einem liebevollen Miteinander wurde im Laufe der Jahre ein zwar achtungsvolles, aber eben doch nur ein Nebeneinander. Kleinere und größere gegenseitige Anerkennungen, wie die beiden sie in ihrem Arbeitsumfeld immer wieder erlebten, waren verlorengegangen. Für ein dauerhaftes gemeinsames Leben war das den zweien nicht genug.

Mit der Trennung spürte Waltraud, dass ein bisschen weniger Fremdbestimmung ganz angenehm sein kann. Und das sollte mit dem Abschied vom eigenen Arbeitsleben noch viel besser werden. Finanziell halbwegs über die Runden kommend, will sie ihre gewonnene Freiheit in vollen Zügen auskosten. So verwundert es nicht, dass sie nach der Scheidung keine neue feste Partnerschaft anstrebte, wenn sie auch manchmal im Bekanntenkreis das Gefühl verspürte, so etwas wie das fünfte Rad am Wagen zu sein. Ihre 3-Raum-Wohnung hat sie modern eingerichtet. Zeitung, Radio, Fernseher und das Internet versehen sie hinreichend mit den neuesten Informationen aus allen sie interessierenden Lebensbereichen. Waltraud verkriecht sich nicht in ihr Zuhause, sondern besucht Konzerte von Rock bis Klassik, geht ins Kino, ins Theater und zum Schwimmen, nimmt unregelmäßig an Treffen ehemaliger Kolleginnen und Kollegen teil, reist zu Kabarettaufführungen und tanzt begeistert in der Line-Dance-Gruppe. Das Fahrrad steht auch nicht nur als Staubfänger im Keller. Beim Essen schmeckt ihr nicht nur, was sie selber zubereitet; sie genießt es hin und wieder, in einer angesagten Gaststätte gepflegt zu speisen. Sie fühlt sehr wohl, dass einige ihrer Aktivitäten gemeinsam mit einem netten Partner zu erleben, schon ganz angenehm wäre. Spaß und Freude mit jemandem teilen ja, aber eine neue Dauerbeziehung eher nein.

Bereits in der eigenen Kinderzeit wurde Waltraud mit dem Camper-Virus infiziert. Auch in der Ehe genoss sie das freiere Lebensgefühl des Campens gern und intensiv. Und so macht sich jetzt eine reife

Frau daran, das Wohnmobil für ihre neue Reise zu bepacken. Auch diesen Winter zieht es sie wieder in die wärmeren Gefilde Südeuropas. Auf ihren bisherigen Reisen beobachtete Waltraud eine deutliche Zunahme allein reisender Senioren, aber auch Seniorinnen. Sie hat sich entschieden, dieses Mal erneut, trotz des Reinfalls im vergangenen Jahr, nicht ohne Begleitung zu fahren. In den Vorjahren handhabte sie das allerdings noch anders. Sie muss laut vor sich hin lachen, wenn sie an das entgleiste Gesicht ihres Reisepartners denkt, als sie ihm nach etwa einem Monat erklärte, dass er für die weitere Tour nicht mehr erwünscht sei. Er hatte offensichtlich eine Vorstellung von Wohnmobil-Camping, die sich mit Waltrauds überhaupt nicht vereinbaren ließ. Unordnung, Nachlässigkeit in der Kleidung, handwerkliches Ungeschick und dazu ein gewisses Machogehabe fielen ihr relativ schnell auf die Nerven. Sie war nicht bereit, das länger zu dulden. Noch dazu, wo sein Sex verbal und real zu wesentlich voneinander abwichen. Wie für einen solchen Fall im Vorfeld vereinbart, brachte sie ihn zum nächsten Flughafen und wünschte einen guten Heimflug. Über ein Reisepartner-Suchportal wählt Waltraud die Begleitung nach einer persönlichen Begegnung auf neutralem Boden und einem Treffen bei ihm aus. So gewinnt sie immerhin einen gewissen Grundeindruck von seinem für Camping notwendigem Ordnungsverhalten und seinem im Portalprofil angegebenen Status als ungebunden. Sie wundert sich immer noch, wie sie bei der Reisepartnerauswahl im letzten Jahr so daneben greifen konnte und hofft, dass sie diesmal, im Vorfeld etwas genauer hinsehend, mehr Glück hat. Das Packen fällt ihr inzwischen recht leicht; jedes Teil hat seinen festen Platz und Neuanschaffungen waren in letzter Zeit nicht mehr notwendig. Das Mobil ist voll autark ausgestattet. Sie hat jederzeit genügend Strom, um alle notwendigen elektrischen Geräte zu betreiben. So kann sie bis zu drei Tagen auf einem Platz stehen, ohne eine Ver- oder Entsorgungsstation anfahren zu müssen. Hier muss sie ihrem Alter eben doch Tribut zollen; länger als für diese Zeitspanne reicht die Kapazität des mobilen WC nicht aus. Ein abschließender Blick über die Checkliste zeigt ihr, dass es morgen losgehen kann. Als einziges noch ungepackt ist ihr Intimfach, in dem Waltraud ihre inzwischen sehr lieb gewonnenen Spielzeuge, die mit sollen, verwahrt. Ihre heute erst angekommene neueste Errungenschaft gilt es, noch vor der Reise zu testen.

Leicht verschwitzt huscht sie unter die Dusche und steht nach einer ausgiebigen, wohlduftenden Erfrischung vor dem Spiegel und ist mit dem, was sie da sieht, zufrieden. Die häufigen Saunabesuche zeigen ihre positive Wirkung. Obwohl sie der Vollendung des siebenten Jahrzehnts bereits recht nahe gekommen ist, fühlt sie sich mit ihrem wohlproportionierten Körper immer noch hinreichend attraktiv, um Männern ordentlich den Kopf verdrehen sowie Sehnsüchte und Gelüste in ihnen wecken zu können. Das Grau ihres Haares ist echt und verleiht ihrem Äußeren im Zusammenspiel mit den beim

Lachen strahlenden, grüngesprenkelten Augen ein anziehendes gewisses Etwas. Für ihre im Laufe der Jahre schmaler gewordenen Lippen sowie die für ihr Alter noch recht glatten, cremegepflegten Gesichtszüge verzichtet sie auf Lippenstift und Schminke. Oft blitzt ein verschmitztes Lächeln auf, das ihrem schlagfertigen Humor entspringt. Ihre Haut ist natürlich nicht mehr so glatt und der Busen so straff wie in jungen Jahren. Waltraud weiß aber, dass der immer noch ein echter Hingucker ist und viele Männer sich nur zu gerne an und zwischen dem weichen Fleisch erfreuen würden. Ein wenig Bauch, eine gesunde Portion Speck auf den Hüften sowie ein draller Po lassen Waltraud sehr weiblich erscheinen. Die Beine, die bei Wärme und Belastung immer häufiger anschwellen, veranlassen sie, verstärkt lange Hosen zu tragen.

Ihre Schenkel leicht gespreizt, betrachtet Waltraud wohlwollend den ausgeprägten Venushügel mit dem dichten, drahtigen Busch, der die fleischigen Schamlippen, die manchmal recht vorwitzige Perle zwischen ihnen und den Eingang in ihr wundersames, lustspendendes Inneres bedeckt. Ein leichtes Grinsen huscht über ihr Gesicht als Waltraud daran denkt, wie lange sie brauchte, um die Möglichkeiten der Nachwendezeit und die Anonymität des Interneteinkaufs zu nutzen, mit verschiedenen Spielzeugen ihre Lust zu entfachen. Als Pubertierende begab sie sich so gut wie nie auf sexuelle Eigenerkundungen. Ihre ersten intimen Fremdkontakte waren auch nicht dazu angetan, dem Sex eine bedeutsamere

Rolle beizumessen. So war es nur logisch, dass, bei der zur Frau Herangewachsenen andere Lebensbereiche wie Familie, Arbeit, Haushalt sowie gesellschaftliches Engagement eine höhere Priorität genossen und für die intime Zweisamkeit meist der Wunsch, die Energie, das Umfeld oder einfach die stimmungsvolle Atmosphäre fehlten. Dazu verstand ihr Gatte es nicht, tiefgreifende Lustgefühle in ihr zu entfachen, was sie zur damaligen Zeit noch nicht einmal als Manko in ihrer Ehe empfand. Sie vermochten auch beide nicht, vernünftig über ihren Sex zu reden.

Beim Ankleiden fällt der Blick auf das Bild ihrer andauerndsten und nachhaltigsten, vieles in ihrem Leben verändernden, Camper-Bekanntschaft. Es zeigt zwei fröhlich lachende reife Frauen am FKK-Strand der Playa de Torrox in Südspanien; Antje, eine dralle Holländerin und sie selbst. Es bedurfte erst dieser Begegnung, um Waltrauds Neugier auf die vielschichtige Welt der Erotik zu wecken. Gern, aber mit gemischten Gefühlen, erinnert sie sich an die Zeit mit der offenen, sehr direkten und lebenslustigen Holländerin. Gern, weil sie Waltraud den Zugang in eine für sie fremde, völlig neue Welt öffnete. Mit gemischten Gefühlen, weil sie erkennen musste, wie naiv und in der heutigen Zeit nahezu sträflich unwissend und desinteressiert sie bis dahin bezüglich des Themas Sex gelebt hat. Waltraud glaubte immer, relativ offen und frei im Umgang mit Sex und Erotik zu sein. Das Baden und Campen im FKK-Bereich war für sie Normalität. Allerdings kann sie sich über die in den letzten Jahren geänderte gesellschaftliche Akzeptanz der typischen Vorwende-FKK mächtig aufregen. Ging das Baden ohne die lästigen Textilien früher einerseits der Elbe relativ einfach, ohne gesellschaftlichen Anstoß, war es in den alten Bundesländern schon immer der deutsch-eigenen Vereinsmeierei vorbehalten, sich in FKK-Clubs zu organisieren und sichtschutztechnisch abzugrenzen. Inzwischen wird Vielerorts, ganz besonders an auch bei den Altbundesbürgern beliebt gewordenen Ostseestränden das unbekleidete Baden zunehmend zurückgedrängt. Wenn es dann sogar noch Alte wagen, textilfrei, ungeliftet und faltig, ohne Rücksicht auf die von jenseits der Elbe herüber schwappende Scheinmoral und den empörten Blick der meist gut Betuchten nehmend, baden zu wollen, schreitet sogar die Boulevardpresse ein und stellt die Unmöglichkeit eines solchen Verhaltens anschaulich, exemplarisch dar. Kostenfreies Nacktsein, das geht ja schließlich gar nicht. Anders bei dem Vereinswesen; da ist doch wenigstens noch mit der Geländepacht, dem Mitgliedsbeitrag und der sachlichen Ausstattung des Vereins ein Geschäft zu machen. Pornos konnte Waltraud ohne jede Erregung, eher gelangweilt anschauen. Beim Lesen sehr intimer und freizügiger Literatur kam es allerdings schon mal vor, dass sich ihr Feuchtigkeitspegel in der Lustspalte deutlich erhöhte. Ihre innere Erregung reichte aber nicht, um intensiver nach selbst gesteuerter Entspannung zu suchen. Sexspielzeuge nahm sie nicht einmal in der Werbung bewusst wahr, geschweige denn hatte sie Interesse an deren Funktions- oder Wirkungsweise. Sie war in kleinbürgerlichen Scheinkonventionen gefangen. Waltraud vermochte nicht ausreichend, die ihr unangenehmen und in jüngeren Jahren eher peinlichen Frauenarztuntersuchungen gedanklich und emotional deutlich von den Lust bringenden und steigernden Spielereien an, mit und in der Muschi abzugrenzen. Das sollte sich mit Antje ändern.

Auf einem abgelegenen, unmittelbar am Strand einer kleinen Bucht gelegenen Stellplatz in Portugal standen ihre Wohnmobile nicht weit voneinander entfernt. Beide Frauen badeten hüllenlos und winkten sich grüßend zu. Nachdem sie das Salz des Meeres in ihren Duschen abgespült hatten, begaben sie sich mit einem Badetuch umhüllt zum Trocknen der Haare durch die Sonne vor ihre Mobile. Sie kamen ins Gespräch. Antje lud Waltraud zu sich ins Mobil, um einen Kaffee zu bereiten. Beim Betreten des Gefährts der Holländerin, das längst nicht so aufgeräumt erschien wie ihr eigenes, fiel Waltrauds Blick auf eine ganze Reihe von auf dem Bett herumliegenden Sexspielzeugen. Antje bemerkte den irritierten Blick ihrer Besucherin und musste schallend lachen, was Waltraud total verunsicherte und sie bis in die Haarspitzen erröten ließ. „Nun sei mal bloß nicht so schockiert oder hast du deine Tröster immer ordentlich verschlossen? Ich habe eigentlich in dieser abgelegenen Gegend nicht unbedingt mit Besuch in meiner kleinen rollenden Villa gerechnet", schmunzelte Antje amüsiert. „Ich habe sowas überhaupt nicht", entgegnete Waltraud leicht niedergeschlagen. Ihre Gastgeberin bemerkte die Unsicherheit ihrer Besucherin, wurde ernst und versuchte mit dem Hinweis: „Da haben wir wohl mal etwas mehr zu bereden", die Peinlichkeit der Situation zu entschärfen. Die nächsten Wochen suchten die Beiden immer wieder ruhige und eher abseits gelegene Stellplätze auf. Waltraud erhielt in einem Alter von mehr als sechzig Jahren endlich Aufklärung, verschiedentlich sogar unter lautem Gekicher mit praktischer Anschauung, über Sinn und Handhabung verschiedenster Spielzeuge zur sexuellen Stimulation. Anfänglich noch recht gehemmt, wurde sie immer lockerer und gewann zunehmend Gefallen an ihren neuen Erkenntnissen. Eine Einsicht der Holländerin sollte von nun an für eine weitere, lediglich in sexueller Hinsicht eher unbedarfte, ansonsten jedoch recht lebenserfahrene Frau Handlungsmaxime sein: zum Orgasmus braucht die Frau nur sich selbst oder nettes Spielzeug. Dennoch geht nichts über einen zärtlichen und sensiblen, nicht allein auf Stillung seines eigenen Verlangens bedachten Partners. Von Antje erfuhr Waltraud, dass was Männern beim Sex gefällt, nicht unbedingt auch der Frau gefällt. Es gelte, um den Spaß an der Freude aber nicht vorzeitig zu zerstören, ein gewisses Maß an Toleranz zu gewähren und nur absolute Tabus oder Schmerzendes zu verweigern. Als besonders wichtig gab ihr die dralle Holländerin noch mit auf den Weg: „Rede mit dem Partner über deine und seine Wünsche und was nicht gewollt ist!" Am Ende des gemeinsam verbrachten Teils ihrer Reise bestätigten sich die zwei Frauen gegenseitig, schon lange nicht mehr so viel und herzhaft gelacht zu haben. Auf ihren Touren durch Europa, fanden sie immer wieder mal eine Gelegenheit, sich zu treffen und über ihre neuesten Anschaffungen und Erlebnisse auszutauschen. Dabei entwickelte sich ihre Freundschaft und entstand eine zunehmende Vertrautheit. Auch diesen Winter sollte es eine Begegnung der Beiden geben.

Die Begegnungen und Gespräche mit Antje haben Waltrauds Neugier geweckt. Sie beginnt in ihrem reifen Alter, Sex nicht nur als ein mehr oder weniger notwendiges Übel in einer Partnerschaftsbeziehung zu betrachten. Sie sucht die Reaktionen ihres Körpers auf sexuelle Reize zu erkunden und zu testen. Sie begreift immer klarer die verschiedenen Hinweise, Bemerkungen und Erklärungen der kleinen drallen Holländerin. So wird ihr auch zunehmend bewusst, wie kopfgesteuert Sex doch ist; ohne die entsprechende Einstellung zum Spaß an der Freude ist Lust bis zum Exzess nicht zu genießen. Waltraud hat gelernt, ihre Hände, Finger und einige Spielzeuge so stimulierend zu gebrauchen, dass sie verschiedentlich sogar einen Orgasmus erreicht. Aus einer Vielzahl von ausprobierten Sextoys sind nur noch einige wenige, sie wirklich erregende, übrig geblieben. Je nachdem, wie sich die Phantasien ihres Kopf Kinos gestalten, greift sie zu der einen oder anderen Variante der Gewinnung und Steigerung ihrer Lust. Waltraud hat sich inzwischen auch eine ausgewählte Sammlung kleinerer erotischer Clips aus dem Internet zugelegt. Aus dem Riesenangebot bevorzugt sie nicht die Darstellung wilder Rammelei, sondern eher die subtileren Streifen, die einer Erweiterung ihrer Kenntnisse über verschiedene Stimulationspraktiken dienlich sein können. Sie benötigt diese nicht etwa, um sich an ihnen aufzugeilen, sondern mehr als Lernmaterial. Mit ganz wenigen Männern hatte sie über ein entsprechendes Portal fast ausschließlich unbefriedigende Kontakte, auch intimer Art, geknüpft. Selbst die zärtliche Begegnung mit einer sehr erotischen Frau ist ihr nicht mehr fremd.

Diesen Abend vor der Abreise will Waltraud in vollen Zügen genießen. Sie ist mit ihrer Freundin Gerda beim „Italiener" verabredet. Die zwei Frauen haben sich einige Zeit nicht gesehen und so gibt es viel zu erzählen. Ein kleines leckeres Menü, der liebliche Rosé und die äußerst angeregte Unterhaltung bringen Waltraud in die richtige Stimmung, um nach der Verabschiedung von der Freundin den Abend zu Hause lustvoll ausklingen zu lassen. Es gibt ja noch etwas auszuprobieren. Bei romantischer Musik von der CD, besonders mag sie für solchen Anlass den Bolero von Ravel, Kerzenschein und einem Glas Sekt legt sie langsam die Sachen ab und sich auf ihr breites Bett. Sie spürt bereits eine leichte, ansteigende Erregung und wie ihre Muschi immer feuchter wird. Sachte legt sie die linke Hand auf ihren gekräuselten Busch. Sanft schiebt sie mit dem Zeige- und dem Ringfinger die Schamlippen etwas auseinander und gleitet mit dem Mittelfinger zwischen sie, um die dortige Nässe aufzunehmen und mit ihm ihre leicht angeschwollene, sehr sensible Perle zärtlich zu umkreisen. Trockene Berührungen sind ihr echt unangenehm. Auf ihr noch nicht zu voller Größe erwachtes Knöpfchen drückt Waltraud sanft den Handballen und die beiden, bisher die Schamlippen spreizenden Finger in sich hinein. Die intensiven Berührungen ihres G-Punktes durch die sich immer schneller krümmenden Finger erzeugen in Waltrauds Unterleib einen angenehmen Reiz sowie mehr und mehr Feuchtigkeit. „Jetzt muss ich mich aber bremsen", schießt es ihr gerade noch rechtzeitig durch den Kopf. Mit ihren nassen Fingern benetzt sie die vollständig geschwollene Perle. Sie greift nach der neuen Errungenschaft, einem angeblich die Klitoris berührungslos, durch Ansaugen und fein dosierbare pulsierende Druckwellen stimulierenden ‚Womanizer'. Ganz vorsichtig stülpt sie die ihren Kitzler aufnehmende Öffnung des neuen Spielzeugs über diesen und probiert die unterschiedlichen Stimulierungsvarianten aus. Abgelenkt durch die Konzentration auf die technische Handhabung ihres Spielzeugs ist die erotische Erregung mit einem mal völlig verflogen. Ein wenig enttäuscht packt sie das Gerät beiseite, geht Duschen und legt sich anschließend Schlafen.

Die Nacht ist etwas unruhig verlaufen; Waltraud musste zweimal die Toilette aufsuchen. Das Alter und der genossene Wein forderten ihren Tribut. Der schöne milde Septembermorgen, eine erfrischende

Dusche und ein leichtes Frühstück bringen sie jedoch in die richtige Reisestimmung. Die zwei Scherben vom Frühstück sind schnell abgewaschen. Wieder geht sie die Checkliste durch, um festzustellen, dass alles erledigt ist: Langzeit - Auslandskrankenversicherung bestätigt bekommen, Post zum Sohn umgemeldet, Zeitung vorübergehend abbestellt, Fenster sowie Anschlüsse für Wasch- und Spülmaschine geschlossen, Kühlschrank ausgeschaltet, alle Elektrogeräte vom Netz getrennt und schließlich mit der Nachbarin die Hausreinigungsübernahme für ein kleines Mitbringsel vereinbart sowie einen Schlüssel für den Notfall hinterlegt. Beim Einsteigen ins Mobil winken ihr eine ganze Reihe von Nachbarn freundlich zu und wünschen gute Reise. Von einigen weiß sie aber, dass sie auch ein kleines bisschen neidisch auf ihre Courage sind. Nicht viele wären bereit, alles Ersparte in ein Wohnmobil zu stecken, um während eines großen Teils des Jahres als allein reisende Frau durch Europa zu touren. Von ihrer zeitweiligen Begleitung ahnt kaum jemand etwas.

Santa Pola

Von Werner, mit dem Waltraud eine Art Reisevertrag mit einem Verhaltenskodex und Regeln zur finanziellen Aufteilung der anfallenden Kosten abgeschlossen hat, wird sie bereits erwartet. Ein paar Umleitungen auf der Strecke führten zu einer kleinen Verspätung. „Ich dachte schon, du hättest es dir in letzter Minute doch noch anders überlegt. Ich habe gerade schnell noch mal unsere ‚Vereinbarung‘ durchgesehen, ob es da irgendeine Regressklausel für den Fall des Vertragsbruches gibt", flachste er lachend. Zur Begrüßung ein Küsschen links, ein Küsschen rechts. Sein Gepäck ist schnell verstaut. Waltraud hat für ihn genügend Fächer und einen Schrank frei gelassen. So starten sie gutgelaunt die Reise. Es ist ausgemacht, da Werner bereits selbst größere Fahrzeuge gelenkt hat, sich beim Fahren abzuwechseln und schnellst möglich die Mittelmeerküste der Camargue in Südfrankreich erreichen zu wollen. So haben sie bereits nach zwei Tagen ihr erstes Etappenziel erreicht. Ein paar Tage wollen sie hier Sonne, Meer und den Anblick der berühmten, prächtigen weißen Wildpferde in ihrer natürlichen Umgebung genießen. Doch ein recht strammer Wind, der Unmengen von Sand aufwirbelt und eine regelrechte Fliegenplage lassen beide einen freudvollen Aufenthalt in dieser Gegend ernsthaft anzweifeln. Sie beschließen, die Reise fortzusetzen. Nach weiteren vier Tagen kommen sie in Santa Pola, unweit von Alicante an und finden auf dem Campingplatz Bahia de Santa Pola einen ansprechenden Platz. Mit ihrem Reisebegleiter ist Waltraud bisher äußerst zufrieden. Er ist ein guter Fahrer, dem sie ohne Bedenken ihr Mobil anvertraut. Werner hat Humor, ist zuvorkommend und verhält sich ihr gegenüber völlig unbefangen in dem doch etwas beengten Zusammenleben in einem Reisemobil. Auch bei einem zufälligen Blick in ihr Intimfach reagierte er unbeeindruckt und machte keine anzügliche Bemerkung.

Santa Pola bringt ihnen Gelegenheit, sich genauer aufeinander einzustimmen. Abends sitzen sie in der Regel bei einem Gläschen Wein vor ihrem Mobil, reden über ihre bisher gewonnenen Eindrücke, freuen sich über die mit ihren Smartphones gemachten, mehr oder weniger gelungenen Schnappschüsse, suchen Kontakt zu anderen Campern und tauschen mit denen besondere Erlebnisse und interessante Informationen zu schön gelegenen Camping- oder Stellplätzen aus. Viel Spaß haben sie auch beim Petanque Spielen in der Mannschaft mit den häufig wechselnden Mitspielern. In dem fußläufig erreichbaren Städtchen finden sie noch viele Gaststätten geöffnet. Ein besonderes Highligth ist für beide auch immer wieder der Bummel über einen der wohl spanienweit besten grünen Wochenmärkte in Santa Pola. Das hier erstandene Obst und Gemüse inspiriert die beiden immer wieder, mehr oder weniger erfolgreich ihre Kochkünste auszuprobieren. Mit einem Mietauto fahren sie zum Einkaufen und erkunden das weitere Umland. Aussichtspunkte werden oft angefahren und gemeinsam lassen sie ihre Blicke tief beeindruckt über die zum Teil grandiosen Landschaften sowie immer variierenden Aussichten auf das Meer gleiten.

Zum Baden geht es an die breiten, jetzt in der Nachsaison oft menschenleeren Strände oder sie suchen kleinere, etwas abseits gelegenere Buchten auf. Von einem Ausflug zum berühmten Palmenpark von Elche sind die zwei ebenso begeistert wie von den immer wieder gern beobachteten vielen Flamingos in den Salinen von Santa Pola.

Der inzwischen ritualisierte Start in den Tag beginnt mit dem Aufsuchen des Sanitärgebäudes, dem Decken des Frühstückstisches durch Waltraud unter der Markise während er aus dem nur wenige Meter entfernten Supermarkt das Baguette und die Zeitung holt. Nachdem der Kaffee getrunken und die Zeitung gelesen ist, kommt von ihm lachend die obligatorische Frage: „Und was machen wir heute?"

„Kneippen?" fragt sie feixend zurück, womit das Tagesprogramm entschieden ist.

Die ausgedehnten, von beiden geliebten Strandspaziergänge geben ihnen die beste Gelegenheit, sich intensiv und ungestört zu unterhalten. Auf dem Campingplatz stehen die Wohnwagen und Mobile doch etwas dicht beieinander. So erreichen dort bei einer angeregten Unterhaltung mehr Ohren das Gesagte als unbedingt gewollt. Knöcheltief im Wasser watend, in unregelmäßigen Abständen von kürzeren oder längeren Besuchen eines Strandcafés unterbrochen, wandern sie zu einem in reichlicher Entfernung angelegten Steg. Die bequemen Bänke darauf laden zum Verweilen ein. Sie genießen den salzigen Duft des Mittelmeeres, den eine leichte Brise zu ihnen herüberweht und schauen, jeder seinen Gedanken nachhängend, dem ewigen Spiel der Wellen zu. „Willst du mich poppen?" bricht Waltraud urplötzlich die andächtige Stille. „Hier und jetzt?" fragt Werner völlig ungerührt. „Blödmann" gibt sie lachend zurück und entschärft damit die Gefahr einer möglichen Peinlichkeit. Mit der Bemerkung: „Ich dachte schon, du fragst mich das nie", signalisierte er Waltraud deutlich, dass auch ihm die Bereicherung ihres gemeinsamen Reiseabenteuers um die sexuelle Komponente gefallen würde. Einmal beim Thema, überwindet sie, eingedenk der Hinweise ihrer Freundin Antje, ihre unterschwelligen Hemmungen erneut und fragt direkt nach seine Wünschen, Bedürfnissen und eventuellen Tabus. Nun doch etwas irritiert, muss Werner, dabei zärtlich ihre Hand streichelnd, erst einmal für einen Moment in sich gehen, um dann zu antworten: „Ich bin sehr froh darüber und dir äußerst dankbar, dass wir so offen reden können. Mir ist es vor allem wichtig, dass du deinen Spaß hast. Dir den zu bereiten wird aber eventuell, selbst bei intensiver Aufbauhilfe, dem da unten nicht mehr immer gelingen. Aber es gibt ja vielleicht auch andere Möglichkeiten, deine Lust zu entfachen." Dabei kann er sich ein leichtes Grinsen nun doch nicht ganz verkneifen und fährt fort: „Aufstehen mag ER besonders ungern, wenn ich auf dem Rücken liege. Tabus wüsste ich eigentlich keine. Schön fände ich es, wenn ein bei mir einmal begonnenes Spiel nicht abgebrochen wird; ich brauche den entspannenden Abschluss. Ich stehe auf Französisch und Spanisch und dir womöglich mal beim Masturbieren zuschauen zu dürfen, fände ich super." Jetzt ist es an Waltraud das Gehörte zu verarbeiten und den Weg des unbefangenen Redens miteinander nicht zu verlassen. Sie steht auf, stellt sich vor ihn, ergreift seine beiden Hände und schaut ihm tief in die Augen. Ganz ruhig entgegnet sie ihm: „Ich bin nicht sicher, ob mir die Erfüllung aller deiner Sehnsüchte gefallen kann. Aber Experimente können ja vielleicht auch ganz interessant und anregend sein. Absolut tabu sind allerdings Schmerzen und Analverkehr." Es nähert sich eine Familie mit herumtollenden Kindern, sodass die beiden zurück in Richtung ihrer rollenden Behausung aufbrechen.

Der wunderschöne, zu dieser Jahreszeit selbst in dieser Gegend ungewöhnlich milde Abend geht recht schnell in Nacht über. Gerade zaubert die glut-rot zwischen einzelnen Wolken untergehende Sonne noch mit prächtigem Farbenspiel eine magische Lichtstimmung, ist in kurzer Zeit Dunkelheit über den Platz hereingebrochen. Waltraud und Werner begeben sich nach drinnen und spüren beide, dass die Atmosphäre heute anders als an den vorange-gangenen Abenden der letzten zwei Monate ist. „Noch ein Gläschen Wein?" fragt er. „Eigentlich nicht, danke", antwortet sie ihm leicht mit dem Kopf schüttelnd. „Ich gehe dann schon mal duschen", verabschiedet sie sich kurz darauf. „Verlauf dich nicht!" flachst er ihr hinterher, „ich gehe auch gleich." Auf ihrem Weg zum Sanitär versichert sie sich mit leuchtenden Augen, dass ihre einzigen un-mittelbaren Nachbarn, spanische Dauercamper, ihr Domizil derzeit nicht bezogen haben. Als Werner vom Duschen zurückkommt, entlockt der sich ihm bietende Anblick ein freudiges Aufblitzen in seinen Augen. Waltraud hat die längs angeordneten Ein-zelbetten, die gewöhnlich nur zu einem Drittel durch einen Mittelteil verbunden sind, mit wenigen Handgriffen in ein großflächiges Doppelbett umge-baut. In dem Ablagefach am Kopfende der Mittel-konsole stehen zwei Gläser Sekt neben einer recht intimes Licht spendenden elektrischen Kerze. Wal-traud hockt in einem reizenden Nachthemd mit an-gewinkelten Knien in ihrem Bett und strahlt ihn an. Er streift die Schlafanzughose über, greift nach den Gläsern und setzt sich zu ihr. „Und worauf stoßen wir an?" fragt er. „Wir sind heute auf den Tag genau zwei Monate gemeinsam unterwegs. Bisher verläuft alles wunderbar mit dir. Darauf, dass es so bleibt und vielleicht sogar noch schöner wird", strahlt sie ihn mit einem hintergründigen Lächeln an. Sie nippen an ihren Gläsern, stellen sie vorsichtig ab. „Das stört aber", flüstert er, befreit sie beide von den Nachtgewändern und schließt Waltraud in seine Arme. Geraume Zeit liegen sie eng umschlungen nebeneinander, bis er beginnt, ihr ganz sanft mit seiner freien Hand den Rücken zu streicheln. Ihm damit signalisierend, dass ihr das ausgesprochen gefällt, dreht sie sich, die Schenkel leicht geöffnet, auf den Bauch. Er kniet sich neben sie und bringt nun seine beiden Hände zum Einsatz. Er knetet kraftvoll ihren Rücken und seine Verlängerung von unten nach oben durch. Abwärts lässt er die Fingerspitzen sich ganz behutsam über ihre Haut bewegen. Waltrauds anfängliche innere Anspannung weicht einer totalen Entspannung. Werner erweitert seine wohltuenden Fingerfertigkeiten nun auch auf ihre Beine und Füße. Im Wechsel gleiten die Hände mal mit leichtem Druck von den Füßen aufwärts bis zum Po, um dann wieder den gleichen Weg ganz sachte hinab zu nehmen, dabei auch die Schamlippen in das Spiel einbeziehend. In Waltraud erwacht langsam die sexuelle Erregung. Ihre Muschi wird merklich feuchter. Das Blut lässt ihren Kitzler sowie die ihn einbettenden Lippen leicht anschwellen und ihn extrem empfindsam werden. Ihre äußeren Veränderungen sehr wohl wahrnehmend, wird Werner noch sanfter. Vorsichtig teilt er ihren Busch, öffnet ganz behutsam ihre Spalte und dringt langsam mit zwei Fingern in sie ein. So verweilt er etwas, um dann sehr zärtlich in ihr zu spielen. Waltrauds Lust beginnt zu wachsen. Sie genießt hingebungsvoll und spreizt die Schenkel noch etwas weiter. Ihre Muschi reagiert mit ersten, leichten Kontraktionen. Daraufhin zieht er die Hand von ihr zurück, begibt sich kniend zwischen ihre Schenkel und hebt mit festem Griff an die Hüften den Unterleib leicht an. Waltraud reckt ihren Hintern noch etwas höher und stützt sich auf ihren Unterarmen ab. Sie spürt, wie er seinen Lust Stab in der von ihren Pobacken gebildeten Furche mit seinem Bauch fest an sie drückt, ihn auf und ab bewegt und zum Wachsen bringt. Werner ergreift seinen Schaft und führt ihn ein paar Mal durch ihr Kraushaar an den inzwischen völlig nass gewordenen Schamlippen und dem Kitzler entlang. Mit jedem Anlauf tiefer gehend, dringt er ganz bedachtsam vollständig in sie ein und verweilt so. Waltraud schiebt die Arme langsam nach vorne und streckt ihm ihren Po noch begehrlicher entgegen. Fest packt er ihre Hüften und presst ihren Leib gegen seinen, ohne sich in ihr zu bewegen. Dann beginnt mit ganz behutsamen Bewegungen sein immer stärker anschwellender und steifer werdender Freuden Spender ihren G-Punkt gleichmäßig intensiv zu reizen. Waltrauds Lust steigert sich, ihre Erregung wächst unaufhaltsam. Sie genießt Werners geschickte Stimulierungen. Sie ist bereit, sich total fallen zu lassen, sich ihm hemmungslos hinzugeben. Die kräftiger werdenden Stöße bringen sie zur Explosion.

Die überquellende Feuchtigkeit und in Wellen über sie kommenden Kontraktionen ihrer Vagina lassen auch Werner kommen. Beide legen sich auf die Seite, kuscheln sich in einer Art Löffelstellung eng aneinander und lassen schweigsam ihren gemeinsamen Höhepunkt ausklingen.

Mazarron

Die Vertrautheit zwischen beiden hat einen neuen Charakter angenommen. Ihr bisheriger Umgang, unbekümmert und unbefangen miteinander sowie offen und kontaktfreudig zu anderen Campern, weicht einem intimeren, verstärkt Zweisamkeit suchenden. Sie setzen ihre Reise fort. Auf dem Weg zu ihrem neuen Ziel, dem Stellplatz in Manta Rota in Portugal, steuern sie Plätze an, von denen sie durch andere Reisemobilisten erfuhren. Einige davon, oft in der Nähe kulturhistorischer Highlights liegend, locken Besucher weiter ins Inland. Andere, romantisch und wenig belegt, finden sie direkt an der Küste. Ein ganz neuer, noch im Ausbau befindlicher, hat in der Nähe von Mazarron, direkt am Meer eröffnet. Zwar nur mit Möglichkeiten zur Entsorgung des WC und des Grauwassers sowie zum Auffüllen des eigenen Wasservorrates ausgestattet, punktet der Platz mit seiner Lage. Morgens ist vom Bett aus der Sonnenaufgang zu beobachten. In der einzigen, aber sehr gemütlichen Kneipe in der Nähe kosten sie gern den lecker zubereiteten, fangfrischen Fisch. Abends verzückt der in den leicht gekräuselten Wellen silbrig glänzende Widerschein des Mondlichts.

Im Mobil erzeugt der genügend Helligkeit, um auf andere Leuchtkörper gut verzichten zu können. Beide liegen nackt auf dem Bett, das jetzt dauerhaft als Spielwiese hergerichtet ist und schauen gedankenversunken in die flimmernden Lichtreflexe auf dem Meer. Er betrachtet Waltraud bewundernd. Seine Hand streichelt so sanft ihren Rücken, dass sich ihre Nackenhaare aufstellen und sie eine Gänsehaut überzieht. „Ist dir kalt?" provoziert er sie amüsiert. „Mach das weg!" faucht sie ihn leise lachend an. Brav gehorchend fährt er mit der ganzen Hand über den Rücken auf und ab. „Weißt du eigentlich, wie sexy du immer noch bist?" setzt er nach. „Na klar doch, aber was heißt hier immer noch?" spielt sie grinsend die Beleidigte und dreht sich aufreizend auf den Rücken. „Heute hast du schon am Morgen mein Blut in Wallung gebracht. Nach dem Baden wollte ich mich fast auf dich stürzen. Beim Essen haben dir die Spanier auf deinen tollen Busen und prächtigen Hintern gestiert und jetzt ist mir eben immer noch nach dir", versucht er seinen Tritt ins Fettnäpfchen zu überdecken. Er beugt sich über sie und seinen Lippen streifen mit einem sanften Hauch über ihren Hals. Da ist es wieder, das die Gänsehaut erzeugende Kribbeln. Doch diesmal hält sich Waltraud zurück und lässt ihn gewähren. Verzückt spielt er mit ihren leicht seitwärts geglittenen Brüsten. Mit seinen Händen umfasst er sie, drückt sie vorsichtig zur Mitte und bedeckt sie mit tausend Küssen. Seine Zunge streicht über die Brustwarzen, umkreist und befeuchtet sie.

Waltraud spürt, wie diese beginnen, sich zu versteifen. Sie ergibt sich vollkommen entspannt seinen
Liebkosungen. Mit seinen Lippen und der Hand
geht er auf Wanderschaft. Waltraud fühlt seine Lippen den Bauchnabel necken und seine Hand sich
zwischen ihre Schenkel drängen. Sie öffnet ihr den
Weg zu ihrem Paradies. Sie ändert ihre Lage und
rutscht auf die Diagonale ihrer Spielwiese. Er erkennt sehr wohl Waltrauds Absicht und legt sich
zwischen ihre ihm Platz bietenden Beine. Sie reicht
ihm die zwei Campingkopfkissen, die er unter ihren
Po schiebt. Ihr sich bei den vorangegangenen Liebkosungen ausbreitendes Wohlgefühl flaut aber etwas ab. So ist sie sehr froh, als Werner einfach seinen Kopf auf ihren Venushügel legt und mit seinen
geschickten Händen beruhigend über ihren Bauch,
die Hüften und die Schenkel streicht. Die wiederge-
fundene innere Ruhe lässt sie tief in sich selbst ver-
sinken und alle Spannungen lösen. Gleichzeitig
wird aber auch der Wunsch nach sexueller Erregung
intensiver. Sie streift mit ihren Händen ganz sachte
Werners Kopf. Der richtet sich etwas auf und genießt beglückt den sehr intimen Anblick. Das von
außen hereindringende Mondlicht scheint direkt auf
Waltrauds strubbeligen Busch. Erste Freuden Tröpf-
chen glänzen darin. Er teilt mit den Daumen ein
wenig den Eingang zu ihrem Lustzentrum und massiert leicht die Schamlippen. Mit zwei Fingern gleitet
er spielerisch zwischen ihnen auf und ab. Waltraud
schaltet alles sie Umgebende aus; sie ist vollständig
auf ihre Lustgefühle fixiert. Sie registriert gerade

noch, wie Werner etwas zurückrutscht und seinen weit geöffneten Mund auf ihre Muschi drückt und ihn ganz langsam schließt. Seine Zunge übernimmt die bisherige Rolle der Finger. Sie spürt, wie sein Lecken leidenschaftlicher wird. Das heftiger und druckvoller werdende Gleiten über ihre so sensible Perle bringt ihre aufgebaute Erregung ins Stocken. Ganz sachte schiebt sie seinen Kopf ein winziges Stück zurück. Leicht irritiert blickt er mit fragenden Augen auf. „Nicht so wild", gibt sie ihm leise zu verstehen und dirigiert seinen Kopf wieder zur Quelle ihrer Lust. Sie zieht ihre Knie an, spreizt sie weit auseinander und legt die Füße auf seine Schultern. Ihm sich so derart offen darbietend, legt sie jedwede Scham ab und ergibt sich uneingeschränkt seinen Liebkosungen. Waltraud sehnt sich einfach nur noch nach dem totalen Genuss endloser Sinnenfreuden. Sehr langsam durchfährt Werner wieder die ihm entgegenprangende, nassglänzende Spalte. Waltraud spürt sein Züngeln schneller und tiefgehender werden und seine Lippen ihre zu ganzer Größe angeschwollene Knospe ganz vorsichtig umschließen. Als er das Lecken einstellt und mit seinen Lippen bewegungslos auf ihrer Perle verweilt, spürt sie die Gefühlswoge langsam auf sich zurollen. Sehr sanft stimuliert er mit seinen weichen Lippen gleichmäßige und lang andauernd den unteren und oberen Ansatz ihrer Klitoris, ohne diese direkt zu berühren. Ganz behutsam saugt er an ihr und variiert dabei die Intervalle wie auch die Stärke. Waltraud nimmt nur noch weit entrückt wahr, wie sich die orgiastischen Kontraktionen in ihrer Muschi als leichte Zuckungen auf ihren gesamten Unterleib übertragen. Sie wird von einer nicht enden wollenden Welle tiefen, lustvollen Wohlseins erfasst. Jede weitere Reizung ihrer süßen Perle brächte ein abruptes Ende des genussvollen Abklingens ihrer sinnlichen Erregung. Mehr unbewusst dirigiert sie Werners Kopf mit sanftem Nachdruck zum kuschelnden Ablegen auf ihren Venushügel. Ganz langsam lässt Waltraud das Lusterlebnis ausklingen. Sie löst die innegehabte Stellung auf und schmiegt sich mit ihrem Rücken eng an ihn. Sie spürt sein halberigiertes feuchtes Glied in ihrer Backenfurche, fasst danach und hält es mit einer Hand ganz ruhig. Als er ihren Busen äußerst vorsichtig sanft knetet, fasst sie fester zu und fühlt, wie er sich in ihrer Hand sachte zu bewegen beginnt. Sie lässt seinen Lust Stab los und presst ihren Hintern fester dagegen. Waltraud spürt Werners Körper sich spannen und die Bewegungen heftiger und druckvoller werden. Ein leises Stöhnen, die pulsierenden Zuckungen seines Gliedes und die klebrige Feuchtigkeit zwischen ihren Pobacken zeigen Waltraud, dass auch Werner zu seinem erhofften Abschluss gekommen ist. Noch eine Weile genießen sie ihre körperliche Nähe und Wärme. Nacheinander gehen sie ins Bad, um dann tief und fest bis weit in den nächsten Tag hinein zu schlafen.

Motril

Auf dem Weg zu ihrem Hauptziel der Reise, dem Stellplatz von Manta Rota in Portugal will Waltraud zwei bekannte Sehenswürdigkeiten unbedingt erst noch aufsuchen: die Alhambra in Granada sowie Ronda, ein kleines Städtchen in exponierter Lage mit besonderem historischem Hintergrund. Ein Blick in die Wäschebeutel zeigt Waltraud an, dass es wohl an der Zeit ist, einen Campingplatz aufzusuchen. Sie erinnert sich an eine sehr schön am Meer gelegene, nicht allzu weit entfernte, kleine familiäre Anlage in der Nähe von Motril. Sie steuern auf dem Weg dorthin schnell noch einen größeren Supermarkt an, um den Kühlschrank wieder aufzufüllen, denn von dem Platz ist es relativ weit bis zur nächsten größeren Einkaufsmöglichkeit. Auf dem Camping Playa Granada finden sie dann auch alles so vor, wie sie es in Erinnerung hat: viele freie Plätze mit ausreichend Sonne, die hinreichend großen Parzellen durch Grünpflanzen abgeteilt, frische Baguettes zum Frühstück, münzfreies Duschen in sauberen Sanitäranlagen mit Einzelwaschkabinen und neue, moderne Waschmaschinen. Das Restaurant auf dem Platz hat in den Wintermonaten allerdings geschlossen, jedoch sind einige Strand Cafés mit kleiner Karte geöffnet. Das Panorama ist wieder imposant. Die breite Promenade zwischen Strand und Campingplatz ist gesäumt von Palmen sowie mit viel Grün und Blumen eindrucksvoll gestaltet.

Besonders imposant ist aber der tolle Blick vom Strand durch die Palmen über die Blütenpracht auf die in gleißendem Licht glänzenden, mit Schnee bedeckten Berge der Sierra Nevada. Bei dem Wetter mit viel Sonne und einer Brise Wind ist die Wäsche schnell erledigt.

Bei den Spaziergängen an dem weitläufigen Steinstrand werden beide wieder zu Kindern; sie konkurrieren mit großem Eifer um die höhere Anzahl von Aufsetzern geschickt geworfener, vom Meer ganz flach geschliffener Kiesel.

Das schöne Wetter und die immer noch für an Ostseetemperaturen gewohnte Camper angenehme Wärme des Mittelmeeres verlocken beide, trotz des fehlenden Sandes, dafür aber umso klareren Wassers, baden zu gehen. Mit den zwei großen Schwimmbrettern, die Waltraud mit auf die Reise genommen hat, an den Handgelenken als gewisse Sicherung befestigt, tollen sie immer wieder in den Wellen herum. Gern lässt sich Waltraud nach dem Salz abspülenden Duschen von Werner mit einer front- und rückseitigen Körpermassage verwöhnen. Bei der ersten ist sie noch leicht angespannt und signalisiert Manfred mit fest geschlossenen Schenkeln, dass sie zu mehr nicht bereit ist. Bei der zweiten genießt sie bereits in vollen Zügen die Kombination aus kraftvollem Durchwalken ihrer Pölsterchen und dem sanften Gleiten seiner Finger über ihren Körper. Sie ergibt sich voll Vertrauen der Kunst seiner Hände. Werner bemerkt Waltrauds reines Wohlbehagen an seinen Massagefähigkeiten und umgeht bewusst ihre Intimregion. Dieses Mal ist es jedoch anders. Waltraud will mehr. Werner kniet sich wie gewohnt neben sie und streicht einfach mit den Händen über die Schultern, den Rücken, den Po, die Beine bis zu den Füßen und wieder zurück. Ganz leicht öffnet Waltraud die Schenkel und gewährt ihm somit auch Zugriff auf ihre Intimzone. Waltraud spürt, wie sich in ihr ganz langsam die bekannte Erregung aufbaut. Sie dreht sich auf den Rücken und registriert Werners anerkennenden und zugleich lüsternen Blick auf ihren Körper. In ihrem Kopf Kino hat sie jetzt konkrete Vorstellungen von dem, was sie nun von ihm erwartet. Es durchfährt sie noch ganz kurz der Gedanke: „Was, wenn er jetzt patzt?" Werner fühlt instinktiv Waltrauds steigende Lüsternheit. Er verzichtet auf weitere Streicheleinheiten und kniet sich, ihre Beine weiter spreizend, dazwischen. Waltraud fühlt, wie er ihre Brüste, sie mit beiden Händen und ganz leichtem Druck umschließend, anhebt und die Spitzen mit zärtlichen Küssen bedeckt. Mit geschürzten, feuchten Lippen liebkost er das Tal zwischen ihrem Busen und reibt seine Wangen daran. Werner rutscht ein kleines Stück zurück. Aus halbgeöffneten Augen beobachtet Waltraud, wie er lüstern ihre Muschi betrachtet und fasziniert ist von dem, was er da zu sehen bekommt. Sie weiß, dass ihre vollen äußeren Schamlippen jetzt die inneren nicht mehr bedecken können, diese ebenso offen dem Betrachter den Blick auf den Zugang zu ihrer Lusthöhle freigeben, wie auch auf ihre von der kleinen Hautfalte umschlossenen Perle. Sein optisches und ihn immer stärker stimulierendes Genießen steigert auch ihre Lust. Es erregt sie zunehmend, sich ihm so offen und schamfrei darzubieten. Ihr Verlangen nach ihm wächst; sie will ihn intensiv in sich spüren. Waltraud dreht sich, ein Bein über seinen Kopf schlagend und es leicht zum Bauch anziehend, auf die Seite. Werner hockt sich auf den Schenkel des ausgestreckten Beines und schiebt sein Knie unter Waltrauds angewinkelten Schenkel. Mit einem sachten Anheben ihres Hinterns erleichtert sie ihm das Einnehmen der neuen Stellung. Sie spürt seine Finger sich tastend und ihre Feuchtigkeit erfühlend zwischen ihren Schamlippen bewegen. Sie merkt, wie Werner sein erigiertes Glied packt und es an ihrer Muschi, dabei ihre Perle intensiv reizend, einige Mal hin und her gleiten lässt. Ihre innere

Spannung wächst und giert nach Erlösung. Werner drückt ihre obere Pobacke kräftig etwas nach oben und öffnet so den Eingang in Waltrauds Lustzentrum. Waltraud spürt deutlich seine starke Erektion. Sie steigert mit einigen bewussten, intensiven Kontraktionen Werners Erregung fast bis zur Explosion. Ihre Spielerei unterstützend presst er nun die eine Pobacke fest gegen die andere. Werners Freuden Spender gleitet mit zunehmender Intensität und Frequenz laut schmatzend in Waltraud. Dieses Geräusch, die heftige Reizung ihrer Muschi und die Übereinstimmung von Waltrauds Vorstellung in ihrem Kopf Kino und der Realität treiben sie auf den ersehnten Gipfel ihrer Lust. Ein unendliches Wonnegefühl durchflutet ihren Körper. So sehr in sich selbst aufgehend, nimmt sie nicht einmal wahr, dass auch Werner gekommen ist. In ihrer Stellung verharrend, Werner zusätzlich das Spiel der einen Hand mit ihren Brüsten und das Streicheln ihres Rückens mit der anderen genießend, kosten beide das langsame Ausklingen ihres gemeinsam erlebten Orgasmus aus.

Nach einer knappen Woche fahren sie weiter nach Granada. Sie finden einen Stellplatz, von dem aus sie die Alhambra bequem mit dem Taxi erreichen können. Erfolgreich machen sie sich rechtzeitig auf den Weg, um den vielen Busladungen von Besuchern etwas zuvor zu kommen. Tief beeindruckt durchstreifen sie die zugänglichen Teile des gewaltigen Komplexes, im Wesentlichen bestehend aus dem Genaralife, der Medina, den Palästen der

 Naṣriden mit ihren Gärten und der Alcazaba. Waltraud ist von dem Löwenhof mit dem Löwenbrunnen ganz besonders ergriffen, Werner eher vom Palast Karls des Fünften.

Nach Stunden des Umherstreifens und häufigen Innehaltens, um überwältigt die Baukunst zu bestaunen, streben sie ermattet dem Ausgang zu und chartern das nächste Taxi. Völlig erschöpft erreichen sie das Mobil und gönnen sich einen ganz faulen Abend. Sie sitzen noch einige Zeit beisammen und tauschen ihre Eindrücke aus. Werner massiert Waltraud gekonnt noch ein wenig ihre geschundenen Füße. Sie begeben sich relativ zeitig zur Nachtruhe, denn schon am folgenden Tag soll es weiter nach Ronda gehen. Die Entfernung bis dorthin ist nicht besonders groß, so dass sie den nahegelegenen Campingplatz El Sur bereits gegen Mittag erreichen. Dieser Campingplatz befindet sich nur etwa einen Kilometer vom Altstadtkern der Stadt Ronda, auf die man von dem Platz eine wunderschöne Aussicht hat. Nach dem anstrengenden vorangegangenen Tag wollen beide die restlichen Stunden lieber noch auf dem Platz vertrödeln und den Weg in die Stadt am nächsten Morgen lieber erneut mit dem Taxi zurücklegen. Waltraud nutzt die Zeit auch, um ihren Freundinnen, die sie schon eine ganze Weile nicht mehr kontaktiert hat, per WhatsApp ihre letzten Erlebnisse und Eindrücke zu schildern sowie einige gelungene Schnappschüsse zu schicken. Die Fahrt bis Ronda ist tatsächlich nur ganz kurz. Sie werden direkt vor der Touristeninformation und der historischen Stierkampfarena, eine der ältesten ganz Spaniens, abgesetzt.

Sie beginnen ihren Rundgang durch das antike und geheime Ronda mit seinen abseits gelegenen Palästen und Kirchen. Dazu überqueren sie eines der Wahrzeichen der Stadt, die Puente nuevo, die Neue Brücke.

Sie überbrückt eine, die Stadt in zwei Gebiete teilende, über einhundert Meter tiefe Schlucht. Waltraud und Werner streifen durch enge, zum Teil stark abfallende Gassen. Sie stoßen auf die Plaza de la Duquesa de Parcent, den Tempel Colegiata de Santa Maria de la Encarnación, eine gotische und eine kolossale Kirche aus der Epoche der Renaissance ebenso wie auf kleine Restaurants und urige Weinkeller, Cafés und Galerien. Immer wieder bestaunen sie die herrlichen Reliefs aus den typischen andalusischen Kacheln. In dem anderen Stadtteil mit der Stierkampfarena, deren Kampfplatz von einem Bogenwerk, gestützt auf toskanischen Säulen, umgeben ist, pulsiert das moderne Leben. Ihnen begegnet ein vielsprachiges Stimmengewirr aus aller Herren Länder. In den neuen und breiten Straßen treffen sie auf die vielfältigsten Geschäfte und Boutiquen, viele Straßenmusikanten, volle, oft um kunstvoll gestaltete Springbrunnen herum angelegte Cafés und Restaurants, Nobelgaststätten und Bars sowie Banken und unterschiedliche Verwaltungseinrichtungen. In einem der vielen Eiscafés lassen sie sich zum Ausklang ihres Stadtrundganges nieder und nehmen eine erste, aussortierende, grobe Sichtung ihren Fotos vor, um sich anschließend wieder zu ihrem Mobil chauffieren zu lassen. Den Abend lassen sie gemütlich bei einem Glas Wein ausklingen. Dabei massiert er wieder nahezu fachmännisch Waltrauds stark beanspruchte Füße. Sie kommen überein, am nächsten Tag ihr Hauptreiseziel, den Stellplatz Manta Rota in Portugal, anzusteuern. Auf dem Weg dorthin sollen auch gleich noch in Ayamonte die Gasflaschen aufgefüllt werden.

Manta Rota

Die Ankunft auf dem begehrten Stellplatz ist ent-
täuschend. Es regnet in Strömen und der Platz ist
wegen fehlender Regenentwässerung zur Hälfte
überflutet. Das Wetter soll auch die nächsten Tage
noch so anhalten. Waltraud weiß, dass der Platz,
wenn der Regen vorüber ist, nach einigen Stunden
wieder trocken sein wird. Doch im Moment ist hier
ein Unterkommen unmöglich. Sie fährt ein paar Kilometer zurück zum Campingplatz in Monte Gordo.
Auch hier stehen die meisten Sonnenplätze unter
Wasser. Sie finden aber gemeinsam einen nicht allzu
schattigen recht großen Platz nahe am Stroman-
schluss und nicht weit vom Sanitärhaus zwischen
einzelnen Pinien. Sie begutachten beide den sandi-
gen Untergrund und schätzen seine Tragfähigkeit
für das Mobil als hinreichend ein. Waltraud fährt
ganz langsam nach Werners Einweisung auf den
Platz und plötzlich gibt der Boden nach. Das Mobil
sackt, insbesondere mit den Hinterrädern, fast bis
zur Achse weg. Im ersten Moment ist der Schreck
natürlich groß, doch beide bewahren Ruhe und verfallen nicht in hektisches Agieren. Waltraud hat zum
Glück zwei dieser Knieunterlagen für die Gartenar-
beit im Gepäck. Die schiebt Werner, nachdem er mit
dem Campingspaten die Hinterräder freigeschaufelt
hat, an die vorderen Antriebsräder des Mobiles.
Ganz sachte beginnt sie das Fahrzeug durch leichte
Schaukelbewegungen nach vorn und hinten auf die
Knieschoner zu bugsieren. Sie weiß, wenn sie jetzt

zu unvorsichtig Gas gibt, drehen sich auch die vorderen Räder tief in die Erde ein. Bewundernd sieht Werner ihr zu, wie sie das Gefährt tatsächlich ohne fremde Hilfe wieder auf festen Grund bekommt. Voller Stolz registriert sie seine durch die nach oben gestreckten Daumen zum Ausdruck gebrachte Anerkennung. Sicherheitshalber suchen sie nun einen wesentlich weniger schönen aber praktischen Platz am Rand von befestigten Wegen; es soll ja nur bis zur Wetterbesserung in Manta Rota sein. Nach drei Tagen ist es soweit, der Wind frischt auf und die Sonne strahlt wieder vom Himmel. Sie versuchen es erneut auf ihrem Zielstellplatz. Es sind genügend Stellflächen frei. Sie haben ganz großes Glück und finden sogar, wie von Waltraud sehnlichst erhofft, einen Platz in der dem Meer zugewandten und an der Grünfläche angrenzenden Seite.

Die Wohnmobile stehen, anders als gewöhnlich, nicht neben- sondern hintereinander in vier Reihen, wobei jeweils zwei durch einen straßenähnlichen Weg getrennt sind. Zwischen den beiden Mittelreihen befindet sich lediglich ein recht schmaler Streifen mit einzelnen Pflanzen, kleineren Bäumen und Sträuchern sowie den Stromsäulen. Die wiesenartige Fläche verläuft von dem Stellplatzgelände bis zur etwa drei Meter hohen Düne. Mehrere Holzbohlenstege führen über die Düne bis zum Strand und durchqueren die Grünfläche parallel zur Küstenlinie. An zwei Stellen stehen an den Strandübergängen Wassersäulen mit kaltem Wasser zum „Entsalzen" der Badenden. Am Ende des Platzes ist die Station für die Entsorgung des Grauwassers und der mobilen WC sowie die Versorgung mit Frischwasser installiert. Die Belegung des Platzes ist vielfältig international. Die Versorgung ist durch einen kleinen aber mit breitem Warenangebot ausgestatteten Supermarkt gewährleistet. Außerdem sind zwei in Deutschland sehr bekannte sowie größere portugiesische Supermärkte ebenso nur ein paar Fahrminuten entfernt, wie die bekannten spanischen in Ayamonte. Diese anzufahren ist kein Problem, da das Ein- und Ausparken durch die Aufstellordnung auf dem Platz schnell und einfach erfolgt. Geschwind sind das Stromkabel angeschlossen, Tisch und Stühle vor dem Mobil auf der Wiese aufgebaut und der Kaffee bereitet. Ein freundliches Hallo von ihren deutschen und englischen Nachbarn heißt sie in Manta Rota willkommen.

Bis Weihnachten sind es noch zwei Tage. Beide sind froh darüber, dass von dem heimischen, ereignistypischen Trubel hier an der Algarve nichts zu spüren ist. Für Waltraud gibt es jedoch ein Muss zu Weihnachten, auch hier in Portugal; sie besteht auf ihr Traditionsessen, Kassler mit Sauerkraut und Meerrettichsoße zu Heiligabend. In dem Gefrierfach hat sie extra ein schönes Stück mit auf die Reise genommen. Das Kraut gibt es in den deutschen Supermärkten. „Meldest du irgendwelche Beköstigungswünsche zu den Feiertagen an?" fragt sie Werner. „Was hältst du davon, wenn wir Essen gehen?" überlegt er laut. „So, so; nun weiß ich ja, wie du zu meiner Kochkunst stehst!" schmollt sie. Das Blitzen in ihren Augen und ein leichtes Zucken ihrer Mundwinkel verraten jedoch, dass ihre Empörung nur gespielt ist. „Wir können uns ja mal erkundigen, ob wir so kurzfristig noch ein nettes Restaurant finden, das bereit ist, uns vor deinen Kochergebnissen zu bewahren", kontert er lachend. Von den Nachbarn erfahren sie von einer gemütlichen Gaststätte, die gut zu Fuß zu erreichen sei, jedoch erst gegen 17 Uhr öffnen würde. Sie machen sich auf den Weg und haben Glück, denn sie können zwei Plätze für den zweiten Weihnachtsfeiertag, der in Portugal keiner mehr ist, reservieren. Für den nächsten Tag fertigen sie gemeinsam eine wegen des ziemlich leeren Kühlschranks recht umfangreiche Liste für ihre Einkäufe in Tavira. Dort gibt es neben den beiden deutschen auch mehrere große portugiesische Supermärkte. Zu dieser Jahreszeit sind auch hier die Tage relativ kurz sowie die Abende und Nächte lang und auch schon ganz schön frisch; sie ziehen sich in ihr Mobil zurück.

Weihnachten ist vorüber. Die Weihnachtsessen waren nicht alle ganz nach Werners Geschmack. Er kann Waltrauds Idee, sich derart langfristig darauf vorzubereiten und die Art ihres Zubereitens nur in höchsten Tönen loben. Sie ist zu Recht stolz auf sich. Aber auch der Restaurantbesuch, zu dem sie mit mehreren anderen deutschen Campern aufbrachen, war ein voller Erfolg. Es war nur ein Menü im Angebot. Aber das hatte es in sich; verschiedene Vorspeisen und Suppen, vielfältige Olivenvariationen, Fisch und Fleisch, unterschiedliche Beilagen, Salate und Obst sowie eine Reihe kleiner Desserts und dazu einen leichten, schier unerschöpflich erscheinenden Wein bereiteten zumindest ihr ungeahnte Gaumenfreuden. Werner tat sich etwas schwerer; er kann einfach absolut keinen Knoblauch ab. Damit ist er eigentlich für die mediterrane Küche völlig ungeeignet. Dennoch genossen sie gemeinsam den Abend, der mit einer großen Anzahl kleiner Anekdoten und viel Gelächter einen äußerst fröhlichen Verlauf nahm. Erst weit nach Mitternacht kehren sie zurück. In ihrem Domizil angekommen stellt Waltraud amüsiert, auf die Altersstruktur der in Südeuropa auf den Campingplätzen Überwinternden anspielend fest: „Es ist schon erstaunlich, wie lange und wie viele dieses rollenden Seniorenheimes hier in Manta Rota heute Ausgang hatten."

Nur ganz wenige Camper haben ihr Mobil zu den Festtagen mit kitschigen Beleuchtungsdekorationen, meist im Chinaladen erworben, ausgestattet. Sie vermochten jedoch nicht, die ruhige, friedliche Atmosphäre aufzubrechen. Der Platz hat sich gefüllt. Nur selten wechseln die Belegungen einzelner Plätze. Wer sich jetzt hier niedergelassen hat, will für längere Zeit stehen. So auch Waltraud und Werner. Sie haben ähnlich wie in Santa Pola ihren Tagesrhythmus gefunden. Er geht weiterhin trotz der deutlich gesunkenen Wassertemperaturen öfter mal im Atlantik mit dem Brett in den Wellen herumtoben. Sie begleitet ihn dabei nur noch gelegentlich. Während Werner die Dusche an dem Bohlenweg nutzt, zieht Waltraud die warme im Mobil vor. Wegen des recht hohen Wasserverbrauchs müssen sie alle zwei Tage an die Ver- und Entsorgungsstation. Sie sichern ihren Platz durch Aufstellen von Tisch und Stühlen, was unter allen Campern akzeptiert wird. Meist nutzen sie dann auch gleich die Gelegenheit, um in die näheren größeren Städte, auf Wochenmärkte oder in die verschiedenen Markthallen mit ihren ausgesprochen reichhaltigen Angeboten an frischem Obst, Gemüse, Fisch und anderen landwirtschaftlichen Produkten zum Einkaufen sowie zu besonderen Sehenswürdigkeiten zu fahren. Der breite, nahezu einsam wirkende, nicht enden wollende Sandstrand, nur an Wochenenden und portugiesischen Feiertagen etwas stärker frequentiert, ist mit den vielfältigsten Muscheln übersät. Waltraud ist von einer regelrechten Sammelwut befallen. Beinahe täglich, aber besonders nach stärkerem Seegang in der Nacht, kehrt sie jedes Mal mit reicher Beute, zum Teil auch einigen Raritäten, zurück.

Werner zieht es vor, bei diesen manchmal nur kurzen und dann wieder Stunden andauernden Spaziergängen, durch das flache Wasser zu waten.

Heute finden sie am Strand mehrere fette, ihnen riesig erscheinende Quallen, die beiden sofort die Lust am Baden nehmen.

„Also, mich bekommst du nicht mehr ins Wasser!" reagiert Waltraud entsetzt, schockiert von der Vorstellung eines Kontaktes mit einem solchen Ungetüm.

Eine Recherche abends im Internet lässt beiden die Freude am Baden im Atlantik nahezu völlig vergehen. Waltraud findet heraus, dass sie bei ungünstigen Windverhältnissen sogar mit dem Auftreten der „Portugiesische Galeere", einer speziellen Polypen Art, rechnen müssten, deren bis zu mehreren Metern lang werdende Fangfäden bei Berührung extrem starke Schmerzen und Entzündungen auslösen können. Mit den Nachbarn spielen sie nun häufiger

Petanque oder das Klötzchen Spiel Kubb, auch Wikingerschach genannt. Abends lesen sie gerne. Sie ist immer wieder erstaunt darüber, wieviel Bücher auf so einem kleinen Stick für ihre Laptops Platz finden. Manchmal lassen sich auch vom Fernseher berieseln. Dabei legt Waltraud wie selbstverständlich ihre Füße auf seinen Beinen ab und lässt sich ausgiebig die Füße massieren. Hin und wieder skypt sie mit ihrem Sohn. Eher unbewusst nimmt sie wahr, dass Werner eigentlich keinerlei Kontakte nach Hause pflegt. Zum Einschlafen schmiegen sie sich gern eng aneinander und belassen es nicht immer nur beim Kuscheln. Waltraud findet aber langsam auch an den morgendlichen Spielereien Gefallen. Ihr Harndrang treibt sie oft gerade mit dem Anbruch des Tages auf die Toilette und lässt sie dann nur selten wieder einschlafen. Werner schläft meist noch fest. Manchmal registriert er allerdings Waltrauds WC-Ausflüge und geht dann mit seinen Händen auf Wanderschaft über Waltrauds Körper. Je nach Stimmung signalisiert sie ihm mit festgeschlossenen oder leicht geöffneten Schenkeln ihre Bereitschaft, sich weitergehenden Liebkosungen hingeben zu wollen oder nicht.

Gewöhnlich nimmt Werner zuerst das Bad in Beschlag und macht sich dann auf den Weg, frische Brötchen aus dem nahen Supermarkt zu holen. Das Bäckerauto, das den Platz täglich anfährt, kommt ihnen zu spät und nicht immer zur gleichen Zeit. Waltraud hat bei seiner Rückkehr den Tisch bereits fertig gedeckt. Sie beginnen den Tag mit einem ausgiebigen Frühstück; ausgeglichen, entspannt und gut gelaunt, dabei das Tagesprogramm besprechend und festlegend.

In Portugal ist die Orangenernte in vollem Gange. An den Plantagen mit den gleichzeitig blühenden und reifen Früchten behangenen Bäumen kommt Waltraud fast nie vorbei; sie kann sich an dem intensiven Duft der Orangenblüten nahezu berauschen. Ab Mitte Januar steigt die Zahl der anreisenden Franzosen erheblich an. Nach dem Pariser Attentat auf die Redaktion der Satirezeitschrift Charlie Hebdo haben wohl viele der sonst lieber Marokko Aufsuchenden das spanische Festland für ihre Überwinterung vorgezogen. Damit zieht Unruhe und ein gewisser Unfriede auf dem Platz ein. Die Neuankömmlinge sitzen oft, sich relativ laut und bis spät unterhaltend, ohne Rücksicht auf die Nachbarn in größeren Gruppen zusammen. Viele haben auch unerzogene, jeden ankläffende Hunde dabei, die weder an der Leine geführt, noch daran gehindert werden, ihre Hinterlassenschaften an jedem beliebigen Ort zu platzieren. Bis Ende des Monats versuchen Waltraud und Werner, sich ihre Stimmung nicht vermiesen zu lassen. Dann schlägt sie aber doch vor, den Platz zu wechseln und weiter in Richtung Westen zu ziehen.

Sagres

Nachdem sie in Ayamonte eine wegen des regelmäßigen Heizens inzwischen leer gewordene Gasflasche wieder aufgefüllt haben, zigeunern sie gut eine Woche an der Algarve entlang, verschiedene Stell- und Campingplätze inspizierend. Keiner spricht sie allerdings derart an, dass sie sich für ein längeres Verweilen entscheiden können. Waltraud hat immer wieder etwas auszusetzen.

Der Camping Orbitur Sagres ist es dann. Der Platz liegt erhöht auf einem Hügel inmitten eines Pinienwaldes, allerdings etwa drei Kilometer vom nächsten Strand entfernt. Er bietet eine Vielzahl von Dienstleistungen, sonnige und schattige Parzellen, die aber nur gering belegt sind, hat eine gute Ausstattung sowie eine einladende Atmosphäre. Viele Sehenswürdigkeiten liegen in näherer Umgebung. Waltraud hat auf ihrer Camping Cheque Goldcard noch eine ganze Reihe von den vorgebuchten elektronischen Cheques. Sie ist froh, diese endlich wieder mal nutzen zu können, bevor sie ihre Gültigkeit verlieren. Obwohl sie wegen der gemeinsamen Kasse dem finanziellen Aspekt der Reise keine übermäßige

Bedeutung beimessen muss, kommt ihr das Winterangebot: zwei Cheques für drei Übernachtungen, sehr entgegen. So können sie auch die etwas weitere Umgebung aktiv erkunden. Drei Tage auf dem Orbitur und dann möglichst kostenlos für ein oder zwei Nächte irgendwo anders nächtigen. Schnell haben sie eine schöne Parzelle gefunden und richten sich, zufrieden mit ihrer Wahl, wieder ein. Waltraud ist in einer Hochstimmung. Die Sonne strahlt vom wolkenlosen Himmel und wärmt sie nicht nur äußerlich. Dazu ein wohlriechender Kaffee auf dem Tisch, die sie umgebende Ruhe und die Erkenntnis, dass Werner ihre positivsten Erwartungen an ihre Reisebegleitung übertrifft, bescheren Waltraud ein tiefes Gefühl innerer Zufriedenheit. Sie rekelt sich genüsslich in ihrem Campingsessel, schließt ihre Augen und hängt ihren Empfindungen nach. Auch Werner lehnt sich vollkommen entspannt zurück. Er genießt die nur hin und wieder von Vogelgezwitscher unterbrochene Ruhe ebenso, wie den Duft der die Parzellen voneinander abgrenzenden Blütensträucher. „Warum ist eigentlich ein Mann wie du nicht verheiratet?" unterbricht Waltraud mehr leise dahin murmelnd, als sich direkt an ihn wendend. „Hatten wir uns bei unserem ersten Treffen nicht darauf verständigt, keine Fragen zur Vergangenheit des anderen zu stellen?" gibt Werner, leicht über den Stimmungsbruch verärgert, zurück. Nun ebenfalls über seine Reaktion leicht angesäuert, richtet sie ihren Körper auf, schaut ihn direkt an und antwortet: „Das stimmt wohl, aber wir sind jetzt schon vier Monate gemeinsam, meinem Empfinden nach ausgezeichnet miteinander auskommend, auf engstem Raum unterwegs. Du bist charmant, handwerklich nicht gerade ungeschickt, hast gute Manieren und dich als Camper Neuling als zuverlässiger Reisegefährte und inzwischen ja auch als geschickter Partner im Bett gezeigt. Da fragt sich eine, wenn auch nicht mehr ganz taufrische Frau schon, warum sich einen solchen Mann noch keine geangelt hat? Aber du hast Recht, wir haben eigentlich solche Fragen ausgeschlossen. Vergiss sie einfach." „Entschuldige bitte", entgegnet er ihre Hand ergreifend und ihre Augen fixierend mit einer Spur von Wehmut in der Stimme, „aber du rührst da an einem ganz wunden Punkt. Ich habe erst mit 25 Jahren geheiratet. Zur Silberhochzeit, gleichzeitig mein fünfzigster Geburtstag, erfuhr ich per Zufall, dass mir mein holdes Eheweib ein Kuckucksei ins Nest gelegt hatte; unsere Tochter war nicht meine. Von meiner Frau trennte ich mich und das über die letzten Jahre ohnehin angespannte Verhältnis zu meiner Tochter zerbrach völlig. Die Frage nach einer dauerhaften Bindung gab es für mich dann nicht mehr. Und ehe du weiter fragst; ja es gab flüchtige und auch bezahlte Beziehungen." Waltraud hielt seinem Blick stand. „Verzeih bitte einem alten, neugierigen Weib; ich wollte dir wirklich nicht zu nahe treten", versucht Waltraud das Gespräch wieder in ruhige Bahnen zu steuern. „Was du bloß immer mit deinem Alter kokettierst? Du bist eine ganz tolle, liebenswerte, attraktive, enormen Sexappeal ausstrahlende

Frau, an der die paar Jahre völlig, na sagen wir mal nicht übertreibend, nahezu spurlos vorüber gegangen sind", begibt sich Werner verschmitzt lächelnd mit auf den Friedenspfad. „Lass den Kaffee nicht kalt werden." „Ja Mutti." Beide haben ihre Anspannung überwunden und beginnen wieder zu relaxen.

Leise dringt eine bekannte Melodie an ihre Ohren. „Da will wohl jemand etwas von dir", murmelt Werner leise in Richtung Waltraud, „mein Handy ist das nicht." Waltraud erhebt sich schweren Herzens und begibt sich in das Mobil. Werner vernimmt nur entfernt und inzwischen wieder in die eigenen Gedanken versunken, wie Waltraud sich anscheinend angeregt, hin und wieder von girrendem Lachen unterbrochen, unterhält. Bei ihrem Herauskommen bekommt er gerade noch mit, wie sie sagt: „Ich melde mich." Verhalten geht Waltraud auf Werner zu. „Wir bekommen Besuch", hört er sie leise sagen. Wie von der Tarantel gestochen, richtet er sich blitzartig auf und schaut sie mit fragenden Augen an. „Meine Freundin Antje steht auf einem Campingplatz von Isla Cristina in Spanien, kurz vor der Grenze zu Portugal und trudelt bald hier ein", erklärt Waltraud. „Muss das sein?" entgegnet er wenig begeistert. „Du wirst Antje mögen. Sie ist eine ganz Liebe und im Grunde genommen hast du ihr ein bisschen was, ich denke Angenehmes, zu verdanken", grinst sie ihn schelmisch an. Als er sie verständnislos anschaut, fährt sie ihm von ihrer ersten Begegnung mit Antje berichtend fort: „Antje war es, die mir eine goldene Brücke zu einem neuen Le-

bensbereich baute. Intimitäten waren für mich, bis ich Antje kennen lernte, immer eher mehr oder weniger notwendige Bestandteile einer Partnerschaft. Freude konnte ich daran kaum finden. Sie half mir, zum Sex eine andere Einstellung zu finden. Mit ihrer Bekanntschaft begann für mich eine Zeit des Sammelns intensivster Selbsterfahrungen. Antje, die übrigens völlig tabulos ist, überzeugte mich, die Reaktionen meines Körpers auf bestimmte Reizungen zu testen sowie diese mehr und mehr zu genießen. Ich besorgte mir sogar einige dieser erotischen Clips aus dem Internet, um zu sehen, welche Möglichkeiten der Eigenstimulation es so alles gibt. Wie du ja gesehen hast, habe ich mir auch ein paar nette Spielzeuge zugelegt. Und wenn ich nicht ganz falsch liege, haben wir beide doch schon einige recht neckische Spielchen miteinander gespielt. Das wäre ohne Antje ganz sicher nicht dazu gekommen."
„Wann kommt sie?" fragt Werner nun doch etwas interessierter nach. „In etwa zwei Wochen. Sie hat wegen des erheblichen Preisrabatts für einen Monat eingecheckt und will nun die restliche Zeit erst noch dort bleiben", antwortet sie und ergänzt: „aber bei uns ist morgen erst mal wieder Wäsche dran."

Die nächsten Tage vergehen wie im Fluge. Sie machen eine Tagestour ins Landesinnere, auf den fast 1000 Meter hohen Aussichtspunkt Miradouru da Fóia in der Serra de Monchique und sind von dem weitreichenden Blick über die Landschaft bis hin zum Atlantik wieder einmal begeistert.

Für die auswärtige Zwischenübernachtung wählen sie den Strand von Amado an der Westküste. Tagsüber beobachten sie die Eleven der Surfschule bei ihren Versuchen, auf den Wellen zu reiten und abends lassen sie sich von dem prächtigen Sonnenuntergang in den Bann ziehen.

In Lagos kaufen sie ein. Hier finden sie neben einer Vielzahl von Supermärkten auch eine Fülle von kleineren Boutiquen, Cafés und Restaurants sowie etliche Technikgeschäfte. Ein weiterer Tagesausflug führt sie an das Cabo de São Vicente bei Sagres, das gemeinsam mit dem benachbarten Ponta de Sagres die Südwestspitze des europäischen Festlands bildet und wo die Algarve mit der bis zu 70 Meter hohen und nur wenig bewachsenen Steilküste endet. Selbstverständlich können sie sich nicht verkneifen, an dem berühmten Bratwurststand eine ‚Letzte Bratwurst vor Amerika' zu probieren. Vor der Seefahrtsschule auf der Ponta de Sagres befindet sich ein riesiger Parkplatz, auf dem viele Wohnmobile kostenlos übernachten. Auch Waltraud und Werner wollen diesen Platz gelegentlich für die Zwischenübernachtung, wenn sie ihren Aufenthalt auf dem Camping Orbitur Sagres jeweils für eine Nacht unterbrechen, nutzen. Waltraud wundert sich immer wieder darüber, wie in Portugal finanzielle Ressourcen vergeudet werden. Die Autobahnmaut auf den meisten Strecken wird für Ausländer so kompliziert erhoben, dass diese lieber die kostenfreien Nationalstraßen nutzen. An vielen Stellen werden ehemals ‚wilde' Stellmöglichkeiten für Wohnmobile neuerdings zwar in ordentliche, befestigte Parkplätze umgewandelt, jedoch gleichzeitig mit einem Übernachtungsverbot für Camper versehen. Waltraud empfände es als sehr sinnvoll, solche Plätze mit einer Einlassbarriere zu versehen, diese in der Saison für die Einheimischen unverschlossen zu halten und nur in der Nachsaison zu versperren. Mit einer Kartenzahlmöglichkeit sollten die nord- und mitteleuropäischen Überwinterer die Schranke dann öffnen können. Selbst ohne Schranke und nur mit einem Parkautomaten ausgestattet, wären der jeweiligen Kommune etliche Einnahmen sicher. Wie sehr solche Stellplätze von den Wohnmobilisten angenommen werden, haben die beiden ja deutlich auf dem Platz in Manta Rota feststellen können. Bei ihren sexuellen Spielchen übernimmt Waltraud immer häufiger eine aktivere Rolle. Sie will nicht mehr nur passiv darauf vertrauen, dass Werner durch ihre leicht lenkenden Impulse die Vorstellungen in ihrem Kopf Kino praktisch umsetzt. Sie entledigt sich jeder Scheu und setzt ihre Mittel ein, um seine und die eigene Lust zu entfachen. Ihre Aktivitäten werden deutlich steuernder und fordernder. Sie genießt seine begierigen Blicke, wenn sie sich vor ihm aufreizend langsam entblättert, sich auf dem Bett rekelt, lang ausstreckt und mit ihren Händen an den Innenschenkeln aufwärts streicht, mit den Daumen die von den Schamlippen gebildete Furche leicht öffnet, über den Venushügel und den Bauch die Finger gleiten lässt und ihre Brüste leicht gegeneinander presst. Es erregt sie ungemein, wenn sie sanft mit ihrem Busen, ihn dabei mit den Knospen reizend, über seinen Körper gleitet, ihn mit Küssen an der richtigen Stelle bedeckt, ihm sanft die Wurzel, die Hoden und den Schaft massiert und sie sieht, wie Werners Männlichkeit erwacht.

Besuch

Werner serviert gerade den Nachmittagskaffee, als Antje mit ihrem Mobil auf der Nachbarparzelle einparkt. Herzlich begrüßen sich die drei. „Willst du auch einen Kaffee?" fragt Werner die Angekommene. „Ja gerne. Ich versorge mich nur erst schnell noch mit Strom", erwidert Antje und packt das Stromkabel aus der Garage des Mobiles. „Ich mach das", meint Werner, ihr das Kabel aus den Hand nehmend und begibt sich damit zum Verteilerkasten. „Na und? Diesmal mehr Glück?" flüstert Antje Waltraud mit einem Stuhl entgegen kommend zu. „Wie du siehst; sind wir ja immerhin schon fast fünf Monate unterwegs, kann eigentlich nicht meckern", entgegnet Waltraud ebenso leise. „Eigentlich?" hakt Antje nach und erfährt: „Seine Standfestigkeit ist nicht mehr ganz so, wie sie sein sollte." „Na, wenn es hart und fest sein soll, da haben wir doch noch unser Spielzeug", prustet Antje los. Als Werner zurückkommt, spürt er die Blicke der beiden Frauen auf sich gerichtet; Waltrauds amüsiert und Antjes neugierig. Doch ungerührt holt er eine weitere Tasse und den Kaffee aus dem Mobil und gesellt sich zu ihnen. Es gibt vieles zu erzählen. Nach dem Kaffee holt Waltraud noch eine Flasche Wein und die Unterhaltung findet mehr und mehr zwischen den beiden Frauen statt. So hat Werner genügend Gelegenheit, Antje ausgiebig zu betrachten und einen ersten Eindruck von ihr zu gewinnen. Wenn er allerdings glaubt, das unbeobachtet tun zu können, so muss er bald feststellen, dass seine Musterung nicht unbemerkt bleibt. „Gefällt dir, was du siehst?" grinst Waltraud ihn an. Sich ertappt fühlend, reagiert er etwas verunsichert: „Aber sicher doch." „Das will ich wohl meinen", lacht Antje, die Stimmung wieder lösend und fährt fort: „Ich habe Fleisch und Bratwürste mit. Wollen wir grillen?" Als der Vorschlag begeistert angenommen wird und Werner den Grill aufbaut, verlässt Antje die beiden mit dem Hinweis, sich schnell erst einmal noch etwas frisch machen zu wollen und geht duschen. Als sie wieder bei Werner und Waltraud auftaucht, ist der Grill bereits voll in Gange. Waltraud steuert noch etwas Brot, Obst, Paprika, Gurken, Tomaten, verschieden Saucen und andere Knabbereien bei. „Bier haben wir leider keines", bemerkt Werner achselzuckend, „trinken wir beide nicht. Magst du noch Wein?" „Ja, gerne", erwidert Antje. Bei gelöster Stimmung werden den ganzen Abend Reiseerlebnisse zum Besten gegeben. Sie lassen sich über unliebsame, auf der Tour angetroffene Zeitgenossen aus und berichten von besonders schönen Anlaufpunkten. So merken die drei überhaupt nicht, wie die Zeit voranschreitet. Ein natürliches Bedürfnis zwingt Waltraud dann aber doch einmal, die heitere Runde zu verlassen und lässt sie einen Blick auf die Uhr werfen. Alle sind überrascht, wie schnell es so spät werden konnte. Antje verabschiedet sich von den beiden und zieht sich in ihr Mobil zurück. „Und wie gefällt sie dir?" platzt Waltraud sofort heraus. „Der erste Eindruck ist ganz nett. Sie scheint ganz sympathisch zu sein", ist seine Kurzeinschätzung.

Die nächsten Tage verbringen sie in trauter Gemeinsamkeit. Essen, Einkaufen, Unternehmungen. Alles unternimmt das Dreiergespann zusammen. Nachmittags fahren sie gern zum Kaffee trinken an den östlich von Lagos gelegenen, Kilometer langen und nahezu Menschen leeren Strand Meia Praia, an dessen Ende sich ein kleines, gemütliches Restaurant befindet. Aus den Prospekten an der Rezeption ihres Platzes erfahren sie von den Grotten bei Lagos. Diese sind ihr Ziel für den heutigen Ausflug. Die Ponta da Piedade, die Südspitze der Bucht von Lagos mit ihrem markanten Leuchtturm, ist schnell gefunden.

Von der Klippe hinunter eröffnet sich ihnen ein toller Ausblick in einer der Grotten. Sie sehen eine steile Treppe zwischen den Felsen, die die kleine Bucht  fast vollständig umschließen, hinunter zum Wasser führen. Von unten winkt sie ein Schiffer freundlich zu sich. Sie beginnen den durch viel Sand auf den Stufen etwas waghalsigen Abstieg. Bei dem kleinen Boot angekommen, handeln sie den Preis aus und erleben eine atemberaubende Grottentour.

Der Bootsführer versteht sein Handwerk; er unterhält mit kleinen Anekdoten, erklärt leicht erkennbar, warum einzelne Felsformationen oder Grotten einen Namen haben und schweigt, wenn die drei Ausflügler von der Schönheit dieses einzigartigen Naturschauspiels tief ergriffen sind.

Viel zu schnell ist die Fahrt vorüber. Mit einem angemessenen Trinkgeld bedanken sie sich überschwänglich bei ihrem Bootsführer. Am Abend kommen sie bei einem Glas Wein in Waltrauds Mobil in ihrer Unterhaltung immer wieder auf das Tageserlebnis zu sprechen. Bei allen dreien hat die Tour einen unauslöschlichen, tiefen Eindruck hinterlassen.

Mit fortschreitendem Abend und nach einer weiteren Flasche Wein werden die Stimmung zunehmend gelöster und Gesprächsthemen persönlicher. Antjes offene und direkte Art tragen dazu nicht unerheblich bei. So ist sie es auch, die Werner verschmitzt darauf anspricht, ob Waltraud ihm denn erzählt hätte, wie sich die beiden Freundinnen kennengelernt hätten. Als er das verneint, wirft sie Waltraud einen fragenden Blick zu und berichtet nach deren leichtem Kopfnicken von ihrer ersten Begegnung in Portugal. „Da hast du aber, auch zu meinem großen Glück, eine tolle Entwicklung hinter dir und ich muss dir, Antje, wie Waltraud schon mal andeutete, wirklich äußerst dankbar sein. Ohne dein Eingreifen in Waltrauds Leben hätte ich sicher nicht so eine wunderbare Zeit mit ihr erleben dürfen", meint Werner daraufhin und fährt fort: „Ein bisschen deutete sich, jetzt wo ich es weiß, dieser Wandel schon auf den Bildern in deinem Profil bei der Reisepartnersuche an." Verständnislos schaut Waltraud ihn an, sodass er erklärt: „Schon die Anzahl und dazu die Vielfalt der Aufnahmen zeigen zwei verschiedene Frauen; einerseits die ernste, ladyhafte und andererseits die offene, lebensbejahende. Die Bilder sind sexy aber nicht provokant, reizend aber nicht aufreizend, zeigen dich lachend und Natürlichkeit ausstrahlend. Diese Fotos im strengen Kostüm und Badeanzug sowie im Abendkleid und T-Shirt mit kurzen Hosen oder im eleganten Hosenanzug und im legeren, recht offenherzigen Pullover ohne Geschirr darunter, haben mich neben einem anderen Aspekt schon sehr neugierig auf so ein gegensätzliches Wesen gemacht. Und ich bin sehr froh, dass du mich als deinen Reisepartner erwählt hast." „Was wäre denn der andere Aspekt?" konnte Waltraud ihre Neugier nicht im Zaum halten. „Das vielleicht später einmal", weicht Werner aus. „Du hast einen guten Blick", schaltet sich Antje nun in das Zwiegespräch ein, füllt mit dem von ihr beigesteuerten Wein die Gläser nach und fährt fort, „dir wird ja sicher klar sein, dass Waltraud und ich viel über dich geredet haben. Ich weiß also von deinen Stärken und Schwächen. Von mir wiederum dürfte dir bekannt sein, dass ich ein lebenslustiges Weibsbild bin, das ein offenes und direktes Wort nicht scheut. Ich habe auch bemerkt, dass du gegenüber allen Fragen des Lebens aufgeschlossen bist. So würde ich dich nun gerne mal etwas fragen; ist aber recht intim. Darf ich?" Nach einem Seitenblick auf die leicht die Augenbraue hochziehende und ihre eigene Neugier nur schwer verbergen könnende Waltraud, signalisiert er seine Bereitschaft: „Nur zu." „Du warst in den letzten fünfzehn Jahren ja mit einer Reihe von Frauen zusammen, darunter auch mit Gewerblichen. Nun habe ich nie verstanden, was zum Beispiel einen Mann wie dich, der ganz sicher keine Probleme beim Schließen einer weiblichen Bekanntschaft haben dürfte, in die Arme einer Prostituierten treibt. Es sind doch nicht alle ausgesprochene

Schönheiten. Was macht denn eigentlich deren Attraktivität und magische Anziehungskraft aus?" will Antje wissen. „Um diese Zeit ein solches Problem?" versucht Werner die Beantwortung der Frage schmunzelnd auf einen späteren Zeitpunkt zu verschieben. Doch als er erkennt, wie ernsthaft die beiden ihn anschauen, will er sich nicht drücken: „Natürlich kann ich nur für mich sprechen. Was andere Männer treibt oder empfinden, weiß ich nicht einzuschätzen. Der Besuch bei einer Prostituierten war ein reines Geschäft: Geld gegen Sex. Wenn der innere Drang nach Befriedigung groß war und schnell abgebaut werden sollte, ohne selbst Hand an sich zu legen und eine Frau diesem Gewerbe aus freien Stücken nachgeht, war das eine für mich akzeptable Lösung. Wenn ich zu einer Dame aus dem Gewerbe ging, stimmte auch in jedem Fall der vorher eingelegte Film in meinem Kopf Kino mit der Realität überein. Der Prostituierten begegnete ich immer mit Respekt und Achtung. Ich konnte ihr aber stets unmissverständlich und ohne Scheu erklären, was ich gerne wie hätte und brauchte keine Angst zu haben, irgendwelche Gefühle oder Befindlichkeiten zu verletzen. Bei einer Gewerblichen ging es generell nur um die Erfüllung meiner Wünsche. Wenn ich mit einer Partnerin zusammen war, richtete ich mein Handeln immer darauf aus, sie zum Orgasmus zu bringen. Das klappte aber nur selten, denn ich musste oft feststellen, dass ihre Vorstellung und meine sich nicht im Einklang befanden. Bei den meisten spielten auch die Emotionen eine bedeutend größere

Rolle, als ich mir vorstellen konnte. Ebenso begriff ich nicht, dass manche Frau einfach nur körperliche Nähe suchte, das Gefühl haben wollte, von mir begehrt zu werden und dem Orgasmus nicht so viel Bedeutung beimaß, wie ich glaubte. So war ich nach dem Sex oft enttäuscht und glaubte mich als Versager. Wenn die Partnerin es dann auch noch versäumte, bei mir die aufgebaute sexuelle Spannung aufzulösen, wurde ich schnell unzufrieden und die Beziehung endete über kurz oder lang. So gelangte ich auch zu der festen Überzeugung, dass der graue Alltag auf Dauer jede lustvolle Beziehung zerstört. Nur einmal in meinem Leben habe ich erlebt, dass die vor den Sexspielen spontan entstehenden Vorstellungen in meinem Kopf Kino mit denen der Partnerin ohne große Absprachen, nur durch kleine, manchmal auch recht deutliche Gesten in Übereinstimmung zu bringen sind. Dabei spielt natürlich auch die Kenntnis über Vorlieben und Tabus der Partnerin eine entscheidende Rolle, weil so die beim Vorspiel aufgebauten Phantasien gar nicht erst in falsche, Enttäuschung bringende Bahnen abgleiten können. Wenn dann die Spielgefährtin sich auch noch recht aktiv in die Lustgewinnung und deren Steigerung einbringt, steht dem Gipfelsturm nicht mehr viel im Wege." Werner sieht Waltraud fest in die Augen. Sie weiß, dass er mit dem Letzteren ihre Beziehung berührt. Eine innere Wärme durchflutet ihren Körper. Gleichzeitig baut sich in Waltraud ein Gefühl unerklärlicher Spannung auf, denn einerseits hebt er ihre Beziehung als etwas ganz Besonderes hervor, erklärt diese aber andererseits deutlich als zeitlich relativ begrenzt. Alle drei greifen nach ihren Gläsern. „Interessante, aber auch streitbare Ansichten; eben die eines Mannes", lacht Antje, ihre jetzt bis an die Grenze gehende Frage vorbereitend. Dabei kann und will sie eine gewisse Lüsternheit in ihren Augen nicht verbergen. „Wenn du nun so leicht deine Wünsche und Vorstellungen realisieren konntest, gibt es da überhaupt etwas, was du in sexueller Hinsicht noch würdest erleben wollen; sind da irgendwelche Wünsche offen?" „Aber ja doch", feixt nun Werner, „aber die werden heute noch nicht verraten."

Die weitere Unterhaltung plätschert weit weniger verfänglich noch ein bisschen dahin, bis Antje schließlich verkündet, dass sie müde sei und zu Bett wolle. „Und was machen wir morgen?" fragt sie bereits halb im Weggehen begriffen. Etwas pikiert fährt sie herum, als Waltraud und Werner laut und gleichlautend die Antwort herausprusten: „Kneippen". Schnell erklärt Waltraud ihrer Freundin, was es mit dieser Fragestellung und der Antwort auf sich hat. Da lacht auch Antje wieder und geht lächelnd zu ihrem Nachtquartier. Keine fünf Minuten später, die beiden sind noch mit dem Aufräumen beschäftigt, platzt Antje völlig aufgelöst herein: „Mijn koelkast is defect!" „Was ist los?" fragt Werner verständnislos. „Mein Kühlschrank ist kaputt", antwortet sie ein wenig ruhiger. „Na, da gibt es doch wohl Schlimmeres", versucht Waltraud ihre Freundin zu beruhigen, „hast du denn so sehr viel da drin?" „Nein, das nicht", meint Antje wieder etwas unaufgeregter. „Da bringst du erst einmal alles, was unbedingt in den Kühlschrank muss rüber und morgen sehen wir weiter", erklärt Werner. „Komm, ich helfe dir", meint er noch, bevor er sie sachte zur Tür hinaus drängt. Schnell sind die Sachen aus Antjes Kühlschrank in dem von Waltraud untergebracht und alle begeben sich endgültig zur Nachtruhe. Waltraud findet aber so schnell keinen Schlaf. Sie kann ihre innere Anspannung nicht abbauen. Sie sucht Werners Nähe und kuschelt sich eng an ihn. „Was ist denn, Liebes?" flüstert er leise, ihre Unruhe nicht nur der von Antje erzeugten Aufregung zuschreibend. Es durchfährt Waltraud wie ein Blitz. So hat er sie noch nie angesprochen. Jetzt will sie nichts zerstören und so ringt sie ihren inneren Zwiespalt nieder und fragt gedämpft: „Verrätst du es mir?" „Was denn?" kommt ebenso leise von ihm zurück. „Na, das mit dem anderen Aspekt und den offenen Wünschen", haucht sie ihm ins Ohr. „Sorry, nicht heute. Schlaf doch jetzt", lässt er sich nicht erweichen.

Für Waltraud wird es eine unruhige Nacht. Sie versucht Klarheit über ihre Gefühle zu finden. Ist Werner für sie mehr als eine nette, unterhaltsame Reisebegleitung geworden. Wie steht er zu ihr? Sie weiß, dass in der Nacht vermeintlich gefundene Antworten selten am Morgen noch Gültigkeit haben. So wälzt sie sich von einer Schlafunterbrechung in die nächste. Zum Frühstück begrüßt Werner Antje mit einem fröhlichen: „Gut geschlafen, meine Liebe?"

„Ja, hatte doch genügend Bettschwere", bedeutet Antje, „und ihr?" „Ich habe geschlafen wie ein Bär. Nach dem Frühstück gehe ich gleich mal zur Rezeption. Der junge Mann kann wegen des Kühlschranks sicher weiterhelfen. Auf unseren Streifzügen durch Lagos habe ich eine größere Werkstatt gesehen. Da standen auch Wohnmobile und Wohnwagen", erklärt Werner. Ein Blick auf Waltraud verrät Antje, dass die Freundin wohl eine recht schlechte Nacht hinter sich hat. Sie hakt in Werners Beisein aber nicht weiter nach. Als dieser sich nach dem Frühstück, wie angekündigt auf den Weg macht, wendet sich Antje an ihre Waltraud: „ Was ist los? Du siehst ja furchtbar aus. Gab es Zoff?" „Nein, soweit ist alles in Ordnung. Ich bin mir nur nicht mehr sicher, ob aus der tollen Reisebekanntschaft eventuell mehr geworden ist", antwortet Waltraud. „Liebst du ihn?" will Antje wissen. „Darüber habe ich heute Nacht nachgedacht. Deshalb sehe ich auch so zerknautscht aus. Ich finde ihn toll und er hat in mir Saiten zum Klingen gebracht, von denen ich nicht einmal ahnte, dass es sie überhaupt gibt. Er ist mir mehr als sympathisch und tut mir ausgesprochen gut. Deswegen will ich so viel wie möglich von ihm haben. Aber Liebe sieht, glaube ich, anders aus", sprudelt es regelrecht befreit aus Waltraud heraus: „seine so geschickten, sachkundigen, magischen Hände, ja, die liebe ich." Sie hat bei Tage, äußerst glücklich darüber, die Lösung zu ihrem nächtlichen Problem im Gespräch mit der Freundin gefunden. „Soll ich jetzt neidisch werden? Du machst mich ja richtig neugierig auf den Wunderknaben", lästert Antje zum Spaß. „Aber so ist alles gut! Glaube mir, jede auf Dauer ausgerichtete, lustbetonte Beziehung geht garantiert an ihren Emotionen zugrunde", schließt Antje unwidersprochen das Thema ab.

Der Frühstückstisch ist abgeräumt, das Geschirr gereinigt. Die zwei warten auf Werners Rückkehr. Es dauert fast eine Stunde, bis er wieder aufkreuzt. „Der junge Mann in der Rezeption war sehr hilfreich. Er half mir, die Werkstatt in Lagos ausfindig zu machen. Nachdem ich ihm dein Problem", meint er an Antje gewandt, „darstellen konnte, telefonierte er mit den Leuten vor Ort. Die würden sich den Kühlschrank ansehen wollen und dann schauen, ob sie ihn reparieren können oder austauschen müssen. Das Mobil wäre morgen zu bringen und nach drei oder vier Tagen, je nach Aufwand, wieder abholbar." „Wie soll das denn gehen?" platzt Antje spontan heraus. Besinnt sich aber sofort und meint: „Ob die auf dem Turiscampo in Lagos eventuell noch einen freien Bungalow haben? Wollen wir dort mal anrufen?" Nach einem kurzen Verständigungsblick zu Werner schlägt Waltraud vor: „Ist doch Quatsch. Du ziehst einfach zu uns. Für die paar Tage geht das schon! Schließlich teilen Freundinnen alles." Antje sieht Werner fragend an. „Wirklich alles? Ich hätte damit kein Problem", meint der grinsend. Seine Frage bleibt natürlich unbeantwortet, doch das Übernachtungsproblem ist geklärt.

Das Wetter ist heute nicht so prickelnd. Es ziehen Wolken am Himmel auf und der Wind hat ordentlich aufgefrischt. Den Tag verbringen sie in Lagos. Antje will sich noch einmal selbst vergewissern, ob das mit der Reparatur auch wirklich klappt. Außerdem hofft sie ein wenig darauf, durch persönliche Vorsprache die Reparaturzeit doch noch etwas drücken zu können. Ihre Bemühungen scheitern aber. Sie stromern durch verschiedene Supermärkte und Geschäfte in der Altstadt, ohne allerdings großartig etwas einzukaufen. Zurück auf dem Campingplatz packt Antje ein bisschen Wäsche zusammen und Waltraud versucht in ihrem Mobil noch etwas Platz dafür zu schaffen. Am Abend will keine rechte Stimmung aufkommen und sie gehen zeitig zu Bett. Heute ist es an Waltraud, schnell von Müdigkeit übermannt zu werden. Sie schläft tief und fest durch. Dafür kann Werner nicht so die rechte Ruhe finden. Das Bett mit zwei attraktiven Frauen teilen zu sollen, scheint ihn doch nicht ganz so kalt zu lassen, wie geglaubt.

Der Morgen sieht zwei ausgeschlafene und unternehmungsfreudig dreinschauende Frauen sowie einen etwas angeschlagen wirkenden Werner. Antje bringt noch einen Campingstuhl, ihr Nachtgewand und das Waschzeug zu Waltraud. Gemeinsam fahren sie mit beiden Fahrzeugen nach Lagos, um Antjes Mobil abzuliefern. Die Übergabe ist schnell erledigt und die Männer in der Werkstatt versichern, ihr Möglichstes zu tun. Waltraud schlägt vor, das durchwachsene Wetter für einen Abstecher nach

Silves, eine der ältesten Städte der Algarve zu nutzen und dort gleich auf dem Motorhome Park zu
übernachten. Antje und Werner finden den Vorschlag prima. Sie brauchen nicht lange, den Ort zu
erreichen und finden auch bald eine Parkmöglich-
keit für ihr Mobil auf dem Parkplatz am Rio Arade.
Weithin sichtbar ist die Burg, die sie aufsuchen wollen; das Castello dos Mouros, das Wahrzeichen der
Stadt. Gut gelaunt schlendern sie durch den Ort, der
um den auf einem Hügel liegenden roten Sand-
steinbau herum erbaut wurde. Dabei kommen sie
auch an der Kathedrale vorbei, die eigentlich eher
eine größere Kirche ist. Diese belegt aber, dass Silves
einmal Sitz des Bischofs der Algarve war. Als das
Interessanteste an der Burg erscheinen ihnen die
Ausgrabungen in deren Innern, die einem helfen,
sich in die Zeit der maurischen Herrschaft zurück-
zuversetzen. Auf dem Rückweg zu ihrem Mobil
durchstreifen sie die malerischen Gassen der Ober-
stadt und finden eine Reihe von Kunsthandwerkern
mit regionalen Produkten. Wieder in der Unterstadt
angekommen, gelangen sie zur Markthalle. Lange
verweilen sie darin, da Waltraud und Antje sich an
den Auslagen jedes einzelnen der Stände nicht satt
sehen können und auch einige frische Waren für
den Abend und das nächste Mittagessen einkaufen.
Bei ihrem Streifzug durch die Gassen stoßen sie
auch auf das wohl bekannteste Lokal der Stadt, angeblich dem besten Fischlokal der Algarve. Nach
dem Studium der Speisekarte bedauern sie sogleich,
bereits so viel eingekauft zu haben. Sie beschließen,

dennoch hier zu Abend zu essen und bereuen das absolut nicht. Die von allen dreien gewählten Fischgerichte schmecken einfach super.

Auf dem Motorhome Park genießen sie, es sich vor dem Mobil gemütlich machend, noch einen süffigen portugiesischen Wein, nutzen die Duschen des Platzes, schlüpfen in ihre Schlafgewänder und begeben sich mit einer vermeintlichen Bettschwere zur Nachtruhe. Doch erholsamen Schlaf finden sie nicht. Unruhig wälzen sie sich auf der Schlafstätte hin und her. Sowohl Waltraud als auch Antje müssen jeweils zweimal auf die Toilette. Dabei wird Werner jedes Mal erneut wach und findet, wie auch die beiden Frauen, immer nur schwer wieder Schlaf. Am Morgen sind alle froh, die Nacht hinter sich gebracht zu haben. Zum Glück hat das Wetter wieder umgeschlagen, eine warme Märzsonne strahlt wieder ungehindert am Firmament und erwärmt die drei nicht nur äußerlich. Sie fahren zurück zu ihrem Platz bei Sagres.

Bis zum Mittag ist noch Zeit. Werner baut Tisch und Stühle auf und Waltraud bereitet zusammen mit Antje einen ordentlichen Kaffee, den sie alle gut gebrauchen können. Sie dösen eine ganze Weile vor sich hin, bis es schließlich Zeit wird, die Zubereitung ihres Mittagessens, aus den am Vortage erstandenen frischen Zutaten in Angriff zu nehmen. Bei bester Laune wird diese Aufgabe arbeitsteilig gemeinsam erledigt. Antje übernimmt den Abwasch und anschließend machen sie es sich wieder in ihren Campingsesseln bequem. Sie hängen ihren Gedanken nach. Beim nachmittäglichen Kaffeetrinken beschließen sie, noch eine Partie Petanque, das Antje unter dem Begriff Boccia bekannt ist, zu spielen. Sie haben unheimlich viel Spaß dabei und die Stimmung der drei ist ausgesprochen heiter. Bei dem mit Eifer betriebenen Spiel mit den Kugeln bieten sich den beiden Grazien auch allerlei, reichlich genutzte Möglichkeiten für einige provokante Anspielungen auf ihre gegenwärtige Situation als Dreigespann. Es ist so angenehm warm, dass sie das Abendessen vor dem Mobil im Freien einnehmen wollen. „Ich wechsle nur rasch noch mein T-Shirt", verkündet Antje und sucht dabei im falschen Fach; sie öffnet versehentlich Waltrauds Intimfach. „Oh, was sehen meine trüben Augen? Brauchst du jetzt schon ihn und deine Spielzeuge? Oh, je, meine sind noch im Mobil. Hoffentlich stöbern die in der Werkstatt nicht allzu neugierig in meinen Fächern rum", platzt Antja lauthals, doch ein wenig überrascht und etwas besorgt heraus. „Bisher sind wir ganz gut ohne ausgekommen", gibt Waltraud lachend zurück und hilft Antje, ihr Shirt zu finden. Beim Essen wird viel geflachst und die Stimmung wird immer ausgelassener. Natürlich dreht sich das Gespräch zusehends um die Lusthelfer. Nach dem Essen sitzen sie, immer noch recht aufgekratzt, den milden Abend und einen guten Tropfen genießend vor dem Mobil beisammen. „Das Meiste deiner kleinen Sammlung kenne ich ja schon, aber du hast dir da ja etwas ganz Neues zugelegt. Wie gut ist das?" fragt Antja geradeheraus. „Weiß ich nicht so genau. Dieser Womanizer soll ja eigentlich unsere Perle berührungslos und ohne Überreizung so intensiv stimulieren, dass selbst ein Multiorgasmus nicht ausgeschlossen ist. Vor der Abreise wollte ich damit noch einen schönen Abend ausklingen lassen. Aber nix da, ich war wohl zu sehr auf die technische Handhabung konzentriert und so war er eher eine Enttäuschung", gesteht Waltraud leicht betrübt aber genau wissend, auf welchen ihrer Freuden Spender Antje da anspielt. „Kann ich den mal probieren?" versucht Antje ihre Lüsternheit gar nicht erst zu verbergen. Waltraud spürt, wie auch sie von einer gewissen Erregung erfasst wird. Die Situation ist schon ziemlich eigentümlich; da unterhält sie sich mit ihrer Freundin in Werners Beisein ganz ungeniert und offen über ihre Sexspielzeuge, obwohl sie ganz tolle lusterfüllte Stunden mit ihm erlebt hat. Sie erinnert sich an ihr Gespräch am Strand von Santa Pola und so fragt sie zu Werners und Antjes Überraschung leichthin: „Wollen wir heute noch ein bisschen weiter spielen?" „Gerne!" sind sich die beiden fast synchron einig.

Es fängt an, kühler zu werden. Schnell ist aufgeräumt und Antje verabschiedet sich von Waltraud und Werner: „Ich gehe dann schon mal duschen." „Ich komme gleich nach", erwidert Waltraud und schaltet die Heizung ein. Sie und Werner folgen Antje. Der lässt sich bewusst viel Zeit. Als er zurückkommt, haben es sich die beiden Freundinnen bereits auf dem Nachtlager bequem gemacht. Mit fest geschlossenen Schenkeln liegen sie in geringem Abstand auf dem Bauch nebeneinander und ihre Spielzeuge zwischen ihnen. Werner erkennt den Womanizer und einen mehrstufig regelbaren Auf-/Ab-Vibrator mit einer seidigen Soft-Touch-Oberfläche. Er tritt an das große Bett heran und nimmt diesen prachtvollen Anblick in sich auf. Mit einem Seitenblick nach hinten bemerkt Waltraud, wie sich seine Augen schier an Antjes prallem Po festsaugen. Dann streichen seine Hände aber auch schon parallel aufwärts über die Körper der zwei. Abwärts gleitet er nur ganz sachte mit den Fingerspitzen über die Haut. Waltraud spürt, wie eine anfängliche Anspannung in ihrem Körper ganz schnell dem bereits bekannten angenehmen Wohlgefühl weicht. Sie schaut zu Antje und stellt fest, dass die sich ebenfalls ganz gelöst Werners Streichelungen ergibt. Werners Versuch, sich mit seinen Händen ihren Intimzonen zuzuwenden, vereiteln beide. Der drängt nicht weiter nach; er belässt es bei gefühlvollem Massieren und Streicheln der Beine und des Rückens. Schließlich drehen sich Waltraud und Antje um. Werner beginnt erneut mit seinem Spiel. Waltraud fühlt, wie das Wonnegefühl langsam einer sexuellen Erregung weicht. Dennoch verweigert sie ihm, wie auch Antje, den Zugang zu ihrem Lustzentrum. Sie richtet sich auf, kniet neben Antje und betrachtet diese mit einer gehörigen Portion Neugier, als ihre Freundin langsam und nur leicht ihre Schenkel öffnet. Plötzlich muss sie lächeln und denkt: „Na, so ein Luder; hat sie sich doch glatt meine Liebeskugeln geschnappt und sich so schon mal ein bisschen auf ihren Höhepunkt vorbereitet." Waltraud ist von Werners Zurückhaltung und Beherrschung angenehm berührt. Sie ergreift ihren bereitliegenden Lust Spender, richtet sich leicht auf und führt ihn ausgeschaltet, ganz behutsam in ihre feuchte Muschi ein. Sie registriert gerade noch, wie er erst begierig und lüstern auf Antjes große Brüste stiert und schließlich mit seinem Blick an ihren wulstigen Schamlippen hängenbleibt, die nach dem leichten Spreizen ihrer Beine die Sicht auf die faltigen, dunkelbraunen Ränder ihrer inneren Schamlippen freigeben. Werner hat, ebenso wie Waltraud, den Faden aus ihrer Venusfalte ragen sehen. Antjes Kraushaar glänzt bereits feucht. Als sie genüsslich die Liebekugeln ganz langsam hervorzieht, nach dem Womanizer greift und ihn zielsicher auf ihre Perle positioniert, legt Waltraud sich rücklings neben ihre Freundin. Sie schaltet auf die, ihr erfahrungsgemäß den höchsten Lustgewinn bringende Stoß- und Vibrationsstufe und gibt sich total gelöst, in sich versinkend und ihre Umgebung völlig ausschaltend, dem aufkommenden Lustgefühl hin. So bekommt sie auch nicht mit, wie Antje von einer Welle multipler Orgasmen überrollt wird. Mit Macht strebt Waltraud selbst dem Höhepunkt der Lust entgegen. Ihr Körper ist extrem angespannt. Sie streckt sich ganz lang, bis schließlich ein Zittern durch ihren Körper geht, die Scheidenmuskeln sich um den stoßenden und vibrierenden Glücksbringer krampfen und ihre Erregung sich langsam in tief empfundener Wonne auflöst. Sie schaltet den künstlichen Freuden Spender aus, zieht ihn, von einem lauten Schmatzen begleitet, aus ihrer überlaufenden Liebesspalte. Langsam dreht sie sich auf die Seite, gedanklich immer noch ihrem Lusterlebnis nachhängend. Sie sieht, wie Antje sich zwei der bereit liegenden Kissen unter den Kopf schiebt und Werner mit den Augen zu einer spanischen Massage auf sich lockt. Der hockt sich über Ihren Bauch und Antje dirigiert ihn mit ihren Händen hinauf zu ihren schweren Brüsten. Diese presst sie um sein zu voller Größe erwachtes gutes Stück. Waltraud schaut den rhythmischen Stoßbewegungen Werners zwischen Antjes Busen interessiert zu. Antje unterstützt diese, indem sie mit ihren Händen ihre Brüste im gleichen Gegentakt auf und ab schaukelt. Als Werners Atmung anfängt, heftiger zu gehen, ergreift sie plötzlich seinen Hintern, drückt ihn weiter nach oben und lässt seinen Saft Spender tief in ihren Mund eindringen. Mit einer Hand packt sie seine Pobacke, mit der anderen massiert sie vorsichtig sein Kugelpaar. Mit ihrem Kopf, der von Werners kräftigen Händen geführt wird, fährt sie heftig vor und zurück. Nur einen kurzen Moment später sieht sie Werner sich versteifen und Antje heftige Schluckbewegungen ausführen. „Na, hat's geschmeckt?" fragt Waltraud grinsend ihre Freundin, als sich die beiden wieder voneinander gelöst haben. „Das musst du schon selber herausfinden", lacht diese zurück. Total entspannt schlafen die drei diese Nacht tief und fest.

Waltraud möchte noch einmal an den Strand von Amado. Die Erinnerung an den wunderbaren Sonnenuntergang mit dem herrlichen Blick auf die Bucht ist noch frisch. Dieser bei Surfern sehr beliebte Strand ist gut besucht. Sie finden aber noch einen schönen Platz, von dem aus sie wieder die jungen Surfer der ansässigen Surfschule wie auch erfahrene Könner beobachten und den tollen Blick auf das Meer haben. Die drei schlendern am Strand entlang und nutzen, um nicht selbst kochen zu müssen, das etwas dürftige Angebot der Imbissbude. Sie lassen sich treiben, nutzen den Tag, um mal gar nichts weiter zu unternehmen und relaxen einfach. Gegen Abend leert sich der Platz, auf dem sie stehen. Sie erfreuen sich ungestört am Wechselspiel der Farben bei dem Sonnenuntergang und erleben die beruhigende Wirkung des Naturschauspiels auf ihr seelisches Gleichgewicht. Vor dem Schlafengehen geben sich die Freundinnen bei einer ausgedehnten Massage noch Werners kunstfertigen Händen hin. Die beiden liegen mit deutlichem Signal an ihn, die Schenkeln geschlossen nebeneinander auf dem Bauch und Werner beweist ihren Intimbereich weitgehend aussparend, ausdauernd sein Massagegeschick. Abwechselnd widmet er sich den zwei kraftvoll und zärtlich zugleich. Schließlich genießen alle total entspannt die Ruhe der Nacht. Vogelgezwitscher weckt die drei. Ein bisschen frisch gemacht und schon treten sie die Rückfahrt an. Die wenigen Camper auf dem Orbitur Sagres scheinen noch alle zu schlafen. Waltraud, Antje und Werner holen schnell das Duschen nach, Waltraud schließt das kleine Öfchen zum Aufbacken der Brötchen an und kurze Zeit später sitzen sie zu einem ausgiebigen Frühstück am Tisch.

Antje weiß von einer abgelegenen kleinen, romantischen Bucht zwischen Lagos und Sagres. Die wird das Tagesziel. Nach einigen Fehlversuchen erreichen sie schließlich den kleinen, von interessanten Felsformationen eingerahmten Strand. Mit ein paar Getränken, drei großen Badetüchern und bester

Laune ausgestattet, stürmen sie ausgelassen dem Wasser entgegen. Ganz am Rande der Bucht lassen sie sich zu einem ausgiebigen Sonnenbad nieder. Die Textilien sind schnell abgelegt und das Eincremen wird in Werners geschickte Hände gelegt. Es ist nahezu windstill und die Märzsonne entwickelt eine wohltuende, wärmende Kraft. Es dauert nicht lange, bis es Waltraud drängt, wenigstens mal mit den Füßen die Temperatur des Wassers zu prüfen. Antje und Werner folgen ihr. Sie finden, dass das Wasser eigentlich gar nicht mehr so richtig kalt ist. Zufrieden mit ihrer Erkenntnis legen sie sich wieder auf ihre Decken. Bereits nach kurzer Zeit sind sie jedoch derart aufgeheizt, dass sie sich direkt nach einem abkühlenden Bad sehnen. Der Meeresboden fällt nur langsam ab. So können sie, kleinen Kindern gleich, in dem Wasser herumtollen. Werner schwimmt noch ein Stück, als die beiden Frauen zu ihren Badetüchern zurücklaufen. Um sich von der Sonne schnell wieder trocknen zu lassen, haben die beiden unbewusst eine recht provokante Haltung eingenommen. Auf ihren Unterarmen abgestützt, die Knie leicht angewinkelt und deutlich gespreizt, strecken sie ihre Körper der Sonne entgegen. Waltraud wird sich dieser provokanten Pose erst bewusst, als sie Werners begehrenden Blick auf ihre und Antjes so weit geöffnete Scham bemerkt. Sie will jetzt aber diese aufreizende Haltung auch nicht mehr aufgeben. Sie fühlt eine plötzlich über sie hereinbrechende Woge sexueller Begierde, befördert durch den Anblick seiner deutlich erwachten Männlichkeit. Antje scheint gespürt zu haben, dass hier irgendeine Veränderung vor sich geht. Sie schaut Waltraud und Werner fragend an: „Ist was?" „Nein, nein", antwortet die Freundin rasch. Er nimmt auf seinem Tuch zwischen den beiden genauso Platz, wie die beiden neben ihm. Antje folgt noch den Blicken Waltrauds auf ihrer beider Muschis und seinen erwachenden Schniedel. Ein belustigtes, wissendes Lächeln umspielt ihre Lippen. Mit Bedacht erhebt sie sich, steht breitbeinig vor Werner und geht ganz langsam auf ihn zu, bis sie über ihm steht. In Waltrauds Kopf Kino taucht der vorgestrige Abend mit Antjes abschließendem Hinweis auf die selbst zu machende Feststellung auf. Sie wird von einer unbändigen Gier auf das Erleben dieser für sie völlig neuen Erfahrung erfasst. Als sie sieht, wie Antje ihre Schamlippen auseinander zieht, ihr Geschlecht auf Werners Gesicht drückt und sich lecken lässt, ist es um sie geschehen. Sie gibt ihrem Drang nach, beugt sich über Werners zu voller Größe erigierten Freuden Spender, nimmt ihn in ihren Mund, zieht die Vorhaut vorsichtig zurück, züngelt um seine Eichel und massiert den Schaft mit der Hand und ihren Lippen. Ihr Speichel und seine Lusttropfen vermischen sich zu einem nicht übel schmeckenden Gleitmittel. Überrascht, wie schnell Werners Männlichkeit zu zucken beginnt und intervallartig seinen Samen in sie spritzt, kommt Waltraud mit dem Schlucken kaum nach. Ihre Gier ist so schnell gestillt, wie die über sie gekommen ist. Als sie sich wieder aufrichtet und dem Geschmack der soeben gekosteten Flüssigkeit noch etwas nachgeht, sieht sie, wie Antje beginnt, sich zu versteifen, Werners Kopf ganz fest gegen ihre Scham drückt und ihr Unterleib in kurzen Intervallen erzittert. Diese Lustentladung dauert jedoch nicht lange. Antje gibt Werners Kopf frei und Waltraud hört ihn deutlich nach Luft japsen. Alle drei fallen rücklings auf ihre Badetücher, lassen ihr Lusterlebnis langsam ausklingen und wechseln mehrfach zwischen Baden und Sonnenanbetung hin und her, bis am frühen Nachmittag sich Antjes Telefon meldet. Die Werkstatt ist dran und Antje erfährt hoch erfreut, dass ihr Kühlschrank repariert werden konnte. Schnell packen sie die Sachen zusammen und steuern Lagos an, Antjes Mobil zu holen.

Am Abend sitzen die drei bei bester Laune wieder vor Waltrauds Mobil zusammen und lassen die letzten Tage unter viel Gelächter noch einmal Revue passieren. Schließlich verkündet Antje mit einem leicht verträumten Lächeln: „Vielen Dank für die ganz tolle Gastfreundschaft und die wunderbaren Erlebnisse, die ich gemeinsam mit euch erleben durfte. Ich hoffe nur, dass ihr auch ein bisschen Freude mit mir hattet. Ich fand die Zeit einfach schön und werde mich nur zu gerne daran erinnern. Aber morgen fahre ich weiter. Lissabon wollte ich schon immer ansteuern und um diese Jahreszeit soll die Stadt ein ganz besonderes Flair haben." „Auch ich habe die Zeit mit dir wieder genossen; ich kann eben immer wieder von dir lernen", heitert Waltraud die in Wehmut abzugleiten drohende Stimmung wieder auf.

Heimreise

Antjes Abreise verläuft, wie unter Campern üblich, ohne große Abschiedsszene, man trifft sich gewöhnlich ja mal wieder. „Eigentlich wird es für uns wohl auch so langsam Zeit, dass wir die Heimreise antreten. Was meinst du?" wendet sich Waltraud an Werner. „Wenn es nicht so schnell geht", antwortet er hintergründig schmunzelnd. Waltraud genießt es auf ihrer Rücktour, sich immer wieder seinen einfühlsamen Zärtlichkeiten hingeben und ihn mit ihren Liebkosungen überschütten zu können. Nach vier Wochen reisen sie wieder in Deutschland ein.

Werner bittet Waltraud, mit ihm einen kleinen Umweg über Hannover zu fahren. Ohne weiter nachzufragen, stimmt sie dem zu.

Nach einer Übernachtung auf dem Stellplatz am Freibad in Emmendingen lenkt Werner das Mobil Richtung Hannover. Etwas außerhalb von Langenhagen steuert er ein nach außen hin unscheinbar wirkendes riesiges Grundstück an, das von einer hohen immergrünen Hecke eingeschlossenen wird. Er fährt einen großen Bogen durch eine gepflegte parkähnliche Grünanlage und stoppt vor einem zweigeschossigen, spiegelnden, gewaltig wirkenden gläsernen Rundbau. Sein kegelförmiges Dach ist vollständig mit Solarzellen bedeckt. „Wer wohnt denn in so einem Palast?" fragt Waltraud, die den Durchmesser des Hauses auf etwa 40 Meter schätzt, tief beeindruckt. „Meine Schwester Ines und ich. Des Öfteren auch ein paar Gäste", vernimmt sie gerade noch so durch ein heftiges Rauschen in ihren Ohren hindurch Werners Stimme. „Ich denke du wohnst in Berlin, wo ich dich abgeholt habe", wundert sich Waltraud irritiert. „Die Wohnung nutze ich nur, wenn ich dort zu tun habe. Aber nun komm erst mal rein", hört sie ihn sagen. Ein leichtes Unbehagen macht sich in ihr breit. Sie fühlt sich hintergangen und ein Anflug von Missstimmung breitet sich in ihr aus. An einem der verschiedenen Eingänge wartet eine reife, attraktive und gepflegte Dame mit einem gewinnenden Lächeln auf die Beiden. „Hey Ines, das ist Waltraud in Natura. Sie ist ein wenig sauer auf mich, wohl weil ich ihr nichts erzählt habe", lacht er seine Schwester an und schließt sie herzlich in die Arme. Waltraud ist erneut verwundert über sein sensibles Gespür für ihre Empfindungen. Sie verscheucht schnell ihre leichte Verärgerung und geht langsam auf die Hausherrin zu, die sie freundlich begrüßt: „Ja, ich bin die Ines. Und Sie haben es tatsächlich so lange mit meinem Bruder ausgehalten?" „Nicht nur sie", feixt er in Richtung seiner Schwester. Waltraud ist erneut nicht erfreut über Werners Auftritt. Ines bemerkt das sofort, hakt sich bei Waltraud unter, führt sie zur Tür und faucht halb spaßig, halb ernst ihren Bruder an: „Still da, du Flegel!" An Waltraud gewandt: „Kommen Sie, ich zeige Ihnen Ihr Zimmer. Sie übernachten doch bei uns? Wir geben heute Abend eine kleine Seniorenparty, nur ein paar wenige Gäste. Sie kommen doch auch? Aber sicher wollen Sie sich erst einmal etwas frisch machen." Waltraud spürt, dass die Fragen eher als Aufforderung gemeint sind und folgt Ines ein bisschen widerstrebend. „Natürlich bleibt sie und kommt. Ich freue mich auch schon. Wäre doch ein super Ausklang unseres gemeinsamen Abenteuers, oder? Bitte sag ja!" bettelte er Waltraud lächelnd an. „Na gut. Dann hole ich nur schnell noch ein paar Sachen aus dem Mobil", lässt sich sie erweichen. „Nicht nötig, es ist alles da. Ich kenne Sie doch von den Bildern her", wird Waltraud von Ines überrascht. „Wir Essen um sechs", meint Werners Schwester noch und schon geleitet er Waltraud über einen salonähnlichen Flur in ein auf ihren Besuch vorbereitetes Appartement. Überwältigt schaut sie sich um. Die Frühjahrssonne durchflutet die gläserne Front der Zimmer und lässt an den Wänden und der modernen Einrichtung flirrende Schattenspiele entstehen. Auf einer Ablage vor dem Fenster findet sie eine Fernbedienung, mit der sie die Lichtdurchlässigkeit der gläsernen Außenwand und parallel dazu die Innenbeleuchtung stufenlos regeln kann. In jedem Raum entdeckt sie für sich ein besonderes Highlight; im Bad die an zentraler Stelle installierte, übergroß wirkende, gläserne Whirlpool Wanne, im Schlafzimmer ein überdimensioniertes Wasserbett und im zentralen Zimmer zwei, mit allen Raffinessen ausgestatte Relax Sessel anstelle der üblichen. Auf dem Bett sind Kleidungsstücke für sie ausgebreitet, mit denen sie auf jeder Modenschau bestehen würde. Waltraud braucht eine Weile, um das alles als Realität zu erfassen. Sie duscht ausgiebig, wäscht die Haare, deren Bändigung ihr trotz tollem Föhn zu bändigen schwerfällt, legt sogar das verhasste BH Geschirr an und streift einen schicken, einteiligen Hausanzug über. Selbst passende Schuhe stehen bereit. Kurz nach fünf Uhr klopft Werner leise an ihre Tür und fragt, ob sie fertig sei; er wolle sie vor dem Essen noch durch das Haus führen.

„Kann ich so gehen?" will sie von ihm wissen. „Perfekt. Habe es nicht anders erwartet", bestätigt er ihr mit anerkennendem Blick. Er nimmt sie bei der Hand, führt sie und erklärt nebenher, dass das Haus nach seinen und den Vorstellungen seiner frühzeitig verwitweten Schwester, mit der er seit seiner Scheidung zusammen lebt, von einem befreundeten Ar-

chitekten entworfen wurde. Das Gebäude sei über-
wiegend aus Stahl und Glas errichtet, mit allerlei
technischen Raffinessen ausgestattet und unter der
Leitung eines besonderen weiteren Freundes eingerichtet worden. Sie gelangen über den großen Flur
in einen Speisesalon für etwa 25 Personen, von dort
an zwei weiteren, für besondere Gäste bereit gestell-
ten Appartements vorbei, in eine gut ausgestattete
Bibliothek. Werner erklärt Waltraud, dass die Gast-
räume heute von zwei Bekannten bewohnt seien;
einem Gynäkologen und einer Physiotherapeutin,
die aber erst später einträfen. Über den im Zentrum
des Gebäudes eingebauten Fahrstuhl ist Waltraud
schon etwas verwundert, sagt aber nichts. Dem gemeinsamen Wohnzimmer der Geschwister mit seiner vorgelagerten, das halbe Haus umfassenden
Terrasse schließen sich deren Arbeits- und Schlafzimmer, die Bäder, ein persönliches Esszimmer und
eine hypermoderne Küche an, in der die kulinari-
schen Bedürfnisse anspruchsvoller Gäste selbst eines mittelgroßen Hotels befriedigt werden könnten.
Wenn Waltraud sich bis hierher von den Eindrücken
schon beinahe erschlagen fühlt, kann sie bei dem
Anblick der Sauna, dem dazugehörigen kleinen
Schwimmbecken und dem Whirlpool, nur noch in
sprachloses Staunen verfallen. In Anspielung auf die
mehrfach von ihr an ihn gerichtete Frage, stellt er sie
dieses Mal: „Gefällt dir, was du siehst?" „Zu prot-
zig", sagt sie trotzig, aber nicht ernsthaft verstimmt.
„Lass uns gehen. Ines wartet nicht gern." Damit legt

er einen Arm um sie und führt Waltraud zu dem Esszimmer der Geschwister.

Ines hat nicht selbst gekocht. Waltraud erkennt aber, dass das kleine Buffet allerdings von einem exquisiten Delikatessengeschäft zusammengestellt worden sein muss. Sie beginnen das Essen schweigsam, bis Werner, inzwischen beim Dessert angekommen, beginnt, von der Reise und dem Erlebten, auch etwas detaillierter, zu erzählen. Waltraud ist das nicht gerade recht. Ines bemerkt das wiederum sofort und versucht mit einem verständnisvollen Lächeln die augenscheinliche peinliche Berührung ihres Gastes zu nehmen: „Keine Sorge, wie wissen immer alles voneinander." Als er schließlich auch von der Begegnung mit Antje berichtet, registriert Waltraud ein kurzes undefinierbares Aufleuchten in den Augen der Hausherrin. Sie kann sich gerade noch beherrschen, um Werner nicht nachdrücklich zur Beendigung seines Redeschwalls aufzufordern. „Wann kommen unsere illustren Gäste denn heute?" will Werner von seiner Schwester wissen. „Die Einladung ist auf 21 Uhr ausgerichtet. Es haben alle erfreut zugesagt" erwidert sie.

„Erinnerst du dich, dass ich dir noch zwei Antworten schuldig bin?" wendet er sich nun direkt an Waltraud, die sofort reagiert: „Aber ja doch. Ich dachte schon, du willst mich dumm sterben lassen." „Die eine Frage ist leicht beantwortet; ich wollte mich immer mal mit vier Frauen gleichzeitig verlustieren", versucht er zu erklären, als Waltraud ihn aber ganz spontan unterbricht: „Wie stellst du dir das denn vor?" Ungerührt fährt er fort: „Denk mal an unser Spiel am Strand zusammen mit Antje und stell dir dazu noch zwei Muschis vor, die sich meinen Händen hinzugeben bereit wären." Den in Waltraud ganz tief im Innern aufkommenden Zorn versucht Ines, die Waltrauds Minenspiel sofort zu deuten weiß, erneut zu besänftigen: „Und das willst du immer noch?" „Ich sagte doch, ich wollte. Nach dieser Reise bin ich wohl davon ab." Diese leichte Einschränkung beschert Ines Bemühung einen deutlichen Dämpfer. Doch unbeschwert fährt Werner fort: „Für den zweiten Punkt, den anderen Aspekt meiner Neugier auf dich, muss ich etwas weiter ausholen. Er betrifft nicht unmittelbar dich als Person. Ich wollte eigentlich in dem zurückliegenden halben Jahr nach Neuseeland reisen, wusste aber nicht genau, wie ich dort unterkommen wollte. Hotels sind mir normaler Weise ein Graus und mit einem Mobil, gleich so lange, ohne jede Erfahrung, war mir auch nichts. Da stieß ich im Internet auf dein Mitreiseangebot. Auch Ines, mit der ich ja alles bespreche, fand die Idee super. Die Reise mit dir war einfach klasse. Den Trip nach Neuseeland möchte ich im nächsten Winter nachholen. Bitte begleite mich! Ich lade dich zu den gleichen Konditionen ein, wie du sie auf unserer gemeinsamen Tour festgelegt hattest, etwa für ein halbes Jahr mit mir in einem Wohnmobil durch Neuseeland zu stromern. Es gäbe jedoch zwei Abweichungen: die Kosten für Hin- und Rückflug übernehme ich und es gibt keine persönlich begründete Rückreiseverpflichtung." Waltraud ist Vieles zugleich; erschüttert, glücklich, misstrauisch gegenüber sich selbst, ob sie auch richtig verstanden hat und vor allem aufgewühlt. „Darüber muss ich nachdenken", bringt sie mühsam nach Fassung ringend leise hervor. „Hast du ihr schon das Obergeschoss gezeigt?" unterbricht Ines das eintretende Schweigen. „Nein. Holen wir sofort nach. Kommst du?" wendet er sich Waltraud zu. Froh darüber, erst einmal zur Besinnung kommen und das Gehörte verarbeiten zu können, lässt sie sich von ihm fortziehen.

Mit dem Fahrstuhl, neben den acht äußeren Zugängen die einzige innen liegende Möglichkeit, in das obere Stockwerk zu gelangen, erreichen sie die höhere Etage. Es öffnet sich eine der vier Türen und sie gehen über eine Art Läufer auf eines der acht Appartements zu. Waltraud kann bis nach draußen in den Park sehen. Alle Wände sind durchsichtig. In dem Gästequartier, auf das sie gerade zugehen, erkennt Waltraud eine ähnliche Ausstattung wie in dem Appartement, in welchem sie untergebracht ist, allerdings bei weiten nicht so luxuriös. Werner betätigt eine Fernbedienung und alle Wände werden einzeln, nacheinander undurchsichtig. Vor den Gästezimmern, die in ihrer Gesamtheit das Gebäude nach außen hin wie ein Ring begrenzen, verläuft ein breiter Gang mit darauf angeordneten Sesseln und kleinen Tischchen. Die Fläche zwischen diesem Umlauf und dem Fahrstuhl ist in vier unterschiedlich große Sektoren geteilt. Werner führt Waltraud an

Appartements entlang um diese herum und erklärt: „Das sind die Spielwiesen unserer jeweiligen Gäste im Obergeschoss. Für jeden Geschmack etwas; dort für NS Liebhaber die gläsernen Sanitärzellen und das seinem Namen alle Ehre machende Wasserbett. Daneben die für Normalos wie Folterinstrumente erscheinenden etwas ausgefalleneren Gerätschaften von Andreaskreuz bis Zuchtbock. Hier der Bereich mit weich gepolsterten, unterschiedlich hohen und großen Liegen sowie Flächen auf dem Boden für das softere Miteinander mit oder ohne Zuhilfenahme allseits bekannter Toys oder anderer stimulierender Spielzeuge. Schließlich noch unsere Tanzfläche mit den großen Bildschirmen, für die gegebenenfalls bei den Spielen gemachten Aufnahmen." Waltraud wird übel, sie bekommt ganz weiche Knie und stürzt zum Fahrstuhl, Werner ihr hinterher. Im Fahrstuhl faucht sie ihn: „Das wird also eure Seniorenparty und da willst du mich zur Schau stellen. Danke!" Sie schießt in ihr Gastgemach, reißt sich die fremde Kleidung vom Leib, zieht rasend vor Wut ihre Sachen schnellstens wieder an und hastet zu ihrem Mobil. Zitterig startet sie es und will nur noch eines; weg, ganz weit weg und das schleunigst. Auf einem Parkplatz an der Autobahn macht sie Halt und versucht sich erst einmal wieder einzukriegen. Sie beschließt, hier an Ort und Stelle zu übernachten. Als sie am nächsten Morgen erwacht und das Erlebte noch einmal Revue passieren lässt, kann sie schon wieder darüber lachen. Bei den Gedanken an die zurückliegende Reise kommt ihr ein Song von

Hildegard Knef in den Sinn: ‚Aber schön war es doch' ...

Zeitfracht Medien GmbH
Ferdinand-Jühlke-Straße 7
99095 Erfurt, Deutschland
produktsicherheit@kolibri360.de